U0942194

中国经典教育智慧品绎丛书
全国高校出版社主题出版

《论语》教育智慧品绎

黄明喜○著

PPRECIATIONS
F THE EDUCATIONAL
VISDOM FROM THE
NALECTS
F CONFUCIUS

高等教育出版社·北京

内容提要

本书以中华传统经典之一《论语》的教育智慧为切入点，以孔子及其三位优秀弟子颜回、子路和子夏为主要对象，从为师之道：跟孔子学做一个良师；成仁之境：跟颜回学做一个君子；见义勇为：跟子路学做一个勇者；博学于文：跟子夏学做一个学者；文行忠信：以德驭智的教育价值观；育才之方：因材施教的案例分析；学而优则仕：儒家学者的教育情怀等不同视角和层面对《论语》所蕴含的教育智慧进行品绎，寻找中国教育的智慧之光，启迪现实教育和未来教育。

本书附录了孔子年谱简表、《论语》教育智慧精言、《论语》全文，用二维码关联了作者讲授《论语》教育智慧的微视频和《论语》教育智慧精言、《论语》全文朗诵的音频，利于读者全面理解、吸收《论语》的教育智慧。本书适合作为师范生教育经典类通识课教材，也可供大、中、小学及幼儿园在职教师、教育研究者、学生家长等阅读。

图书在版编目（CIP）数据

《论语》教育智慧品绎 / 黄明喜著. -- 北京：高等教育出版社，2018.3
ISBN 978-7-04-049354-2

Ⅰ. ①论… Ⅱ. ①黄… Ⅲ. ①儒家②《论语》- 教育思想 - 研究 Ⅳ. ① B222.25 ② G40-092.25

中国版本图书馆 CIP 数据核字 (2018) 第 019410 号

《论语》教育智慧品绎
Lunyu Jiaoyu Zhihui Pinyi

策划编辑 魏延娜　责任编辑 魏延娜　书籍设计 张 楠　责任校对 吕红颖
责任印制 尤 静　朗 诵 瞿弦和 张筠英 王 青　音频制作 袁 玮

出版发行 高等教育出版社
社 址 北京市西城区德外大街4号
邮政编码 100120
印 刷 涿州市星河印刷有限公司
开 本 880mm×1230mm 1/32
印 张 9
字 数 180 千字
购书热线 010-58581118
咨询电话 400-810-0598
网 址 http://www.hep.edu.cn
http://www.hep.com.cn
网上订购 http://www.hepmall.com.cn
http://www.hepmall.com
http://www.hepmall.cn
版 次 2018 年 3 月第 1 版
印 次 2018 年 3 月第 1 次印刷
定 价 39.80 元

物 料 号 49354-00

前言

在中华民族全面振兴的时代下，通过品读中国经典，循沿中国经典的根脉，激发出与时俱进的新智慧，是十分必要且富有意义的。只有会通中国经典的人文世界，特别是吸取其中的教育智慧，才能充分懂得中华民族整个文明谱系是怎样发生、怎样传承和不断更新的。

若要为中国经典列出一个最低限度的阅读书目，则一定少不了《论语》。《论语》这本儒家元典含义隽永，历久弥新，与《孟子》《大学》《中庸》一起并称“四书”。它在中国传统文化教育领域的基础性、引领性以及知名度是诸多经典所无法比拟的。近代著名的思想家、教育家梁启超为了引导读者有效阅读中国经典而取得事半功倍的效果，专门写了《国学入门书要目及其读法》一文，其中所推荐的第一本书就是《论语》，认为《论语》是“二千年来国人思想之总源泉”[1]，希

（1） 梁启超:《饮冰室合集》第9册专集71，中华书局1989年版，第1页。

望学者能够熟读成诵。胡适身为“五四”新文化的巨匠，针对当时青年朋友“治国学有何门径”的询问，公开拟就了《一个最低限度的国学书目》，《论语》也赫然在列。他还强调最好先看白文，或用朱熹撰写的《四书章句集注》中的《论语》本。[1]而在学贯中西的林语堂眼中，《论语》“就犹如西洋耶教的《圣经》一样”[2]。国学大师钱穆更是主张：“《论语》应该是一部中国人人人必读的书。”[3]从这些大家的评论中，可以看出《论语》何等重要和影响深远。

横看成岭侧成峰，《论语》有着丰富的内涵。千百年来，《论语》不断启迪人们认识世界、感悟人生。由于看问题的出发点不同，所处的视角不同，人们各美其美，对《论语》所蕴含的智慧领略千人千面。哲学层面的有之，伦理层面的有之，政治层面的亦有之，教育层面的则更是无以计数。

就教育层面而言，《论语》的智慧博大精深，仅从三言两语的成语就让我们叹为观止。在《论语》语境中有近乎五分之一的言辞被定型为成语，呈作汉语教育文化中不可或缺的一道风景线，生发出短小精悍、形象鲜明、生动有趣的教化作用，潜移默化地影响着汉语习得者的言行举止。譬如，“巧言令色”“三十而立”“一以贯之”“侃侃而谈”“祸起萧墙”“分崩离析”“文质彬彬”“见义勇为”“发愤忘食”“三思而后行”“既来之，则安之”“四海之内皆兄弟”“不在其

(1) 胡适：《胡适全集》第 2 卷，安徽教育出版社 2003 年版，第 114—115 页。
(2) 林语堂：《孔子的智慧》，当代世界出版社 2009 年版，第 102 页。
(3) 钱穆：《劝读论语和论语读法》，商务印书馆 2014 年版，第 1 页。

位，不谋其政”“己所不欲，勿施于人”“工欲善其事，必先利其器”，等等，这些司空见惯的成语，都源自《论语》。据不完全统计，脱胎于《论语》并沿用至今的成语多达400余条。然而，充满无限阐释张力的《论语》教育智慧，远非耳熟能详的若干成语可以穷尽。

所谓教育智慧，是涉及感知、记忆、理解、联想、分析、判断、综合诸多层面的一种教育综合思维和实践能力。它包括情感与理性、道德与美感、智力与非智力等众多因素。教育在实践过程中生成圆融的智慧品性，只有智慧的教育才能塑造智慧的人。《论语》记录了许多精彩的教育命题、故事和教学案例，闪耀着孔子及其弟子的智慧之光。

本书以孔子及其几位杰出弟子为分析对象，分设为师之道、成仁之境、见义勇为、博学于文、文行忠信、育才之方、学而优则仕七个专题，具体要目如下：

1. 为师之道：跟孔子学做一个良师
2. 成仁之境：跟颜回学做一个君子
3. 见义勇为：跟子路学做一个勇者
4. 博学于文：跟子夏学做一个学者
5. 文行忠信：以德驭智的教育价值观
6. 育才之方：因材施教的案例分析
7. 学而优则仕：儒家学者的教育情怀

这七个专题相辅相成，共同构成一幅《论语》教育智慧图景。对应上述专题，本书结合对字、词、章句要义的梳理，辨析教育名言的思想渊源及其流变，从历史的视角和理论的向度对《论语》所蕴含的教育智慧进行品绎，具体分析孔子何以成为世人所景仰的良师，理解颜回、子路、子夏何以为孔子眼中“仁、智、勇”三大方面的优秀弟子，通过向孔子及其弟子借智慧，学习怎样做一个良师和习得为人处世之道，帮助读者从《论语》的文本中温故而知新，学会欣赏、认识和践行《论语》的教育智慧，进而寻获一种快乐的人生境界。

书中还有三个附录：附录一，孔子年谱简表；附录二，《论语》教育智慧精言；附录三，《论语》全文中英文朗诵音频。附录一，孔子年谱简表旨在让读者大致了解孔子的生平事迹，尤其是教育活动轨迹。附录二，《论语》教育智慧精言以“学为君子”为主线，分为“学而不厌”“有教无类”“诲人不倦”“因材施教”“启发诱导”“文行忠信”“见义勇为”“知书达礼”“为仁由己”“君子风范”十个主题，选取 85 则精粹的教育智慧言语，用译解的方式来彰显孔子儒家学说传道授业、成人成己的教育情怀。附录三，《论语》全文中英文朗诵音频用二维码链接了《论语》全文及中英文朗诵的音频。《论语》版本众多，不乏异同。但为读者学习之便，并考虑到朱熹撰写的《四书章句集注》注释精当，分章合理，故本书所选《论语》全文，采纳了中华书局 2011 年出版的《四书章句集注》点校本。

为了适应“互联网 +”时代的发展，使读者更好地了解和欣赏

《论语》的教育智慧，本书用二维码链接了我在“爱课程”网开设的中国大学慕课“《论语》教育智慧品绎”课程的109个微视频、《论语》教育智慧精言朗诵音频和《论语》全文中英文朗诵音频。“《论语》教育智慧品绎”课程作为全国首门品绎《论语》教育智慧的通识课程和教师教育课程，以问题为指向，涵盖教学视频、课程大纲、演示文稿、随堂测验、教学案例等教学资源及课程讨论与授课内容相关的互动环节，利用互联网技术的开放性、即时性和互动性，多维度展现了课程独有的文化内涵和教育意蕴。扫描《论语》教育智慧精言朗诵音频二维码和《论语》全文中英文朗诵音频二维码，可以聆听到王青女士朗诵的《论语》教育智慧精言和著名艺术家瞿弦和先生、张筠英女士朗诵的《论语》中文全文，Trevor Mete（加拿大）、Xiaowei Su（美国）朗诵的《论语》英文全文。静听悦耳的音频，字里行间，婉转起伏，味外有味，相信会带给读者有别样的体验和收获。

作为笔者近20年教学和科研的结晶，本书有幸入选了教育部2017年全国高校出版社主题出版项目。感谢本书配套音频朗诵者瞿弦和先生、张筠英女士、王青女士、Trevor Mete（加拿大）、XiaoWei Su（美国），他们的朗诵为本书增色很多。本书得以付梓，要特别感谢高等教育出版社的魏延娜编辑，从“中国经典教育智慧品绎”丛书的策划到“《论语》教育智慧品绎”在“爱课程”网中国大学MOOC上线，再到本书的编辑出版，她都给予了很大的支持与帮助。我门下的博士生、硕士生对慕课视频的制作、本书文稿的校对也付出了不少辛劳。华南师范大学有关领导和同仁对本书的面世，贡献良多。囿于水平和精力，不当之处难免，敬请读者指正！

黄明喜

2018 年春于华南师范大学

目录

绪论

◆《论语》是一部记录孔子及其主要弟子言行的书，主要集中反映了早期儒家的政治主张、伦理思想以及教育智慧。

◆《论语》是孔子生平言论的辑录，属于一部语录体的经典作品。

◆《论语》所记载的并不限于孔子与弟子们之间的谈话，还记录了孔子与其时政客的对话，孔门弟子听了乃师教导之后的相互讨论等，也包括孔门师徒不少的社会实践活动。

◆ 教育智慧，是涉及感知、记忆、理解、联想、分析、判断、综合诸多层面的一种教育综合思维和实践能力。它包括情感与理性、道德与美感、智力与非智力等众多因素。

中国优秀传统文化是世界文化史上一个瑰丽的宝藏，《论语》堪称这个宝藏里一颗耀眼的明珠，而使这颗明珠大放异彩的则是中国优秀传统文化与教育的重要奠基者——孔子。身处21世纪的当今社会，无论是学习中国优秀传统文化，还是认识和研究孔子思想，都无法绕开《论语》。《论语》言简意丰，深刻地彰显出轴心时代的中华文明风貌，生动地记载着孔子及其弟子的教育智慧。

教育的真谛在于启迪智慧。作为中国优秀传统文化的重要典籍，《论语》蕴含取之不尽、用之不竭的教育智慧。在和大家一起品绎《论语》的教育智慧之前，需扼要讲明两个问题：第一，《论语》是怎样的一本书？第二，如何品绎《论语》的教育智慧？

《论语》是一本怎样的书

《论语》是一部记录孔子及其主要弟子言行的书，集中反映了早期儒家的政治主张、伦理思想以及教育智慧。全书共有20篇，南宋教育家朱熹把它和《大学》《中庸》《孟子》合为“四书”，成为传统社会文人的必读之书，是中国优秀传统文化教育的重要经典之一。

下面从《论语》书名释义、《论语》的记录者和编纂者、《论语》的传本三个方面，来进一步揭示《论语》是怎样的一本书，帮助大家更好地品绎《论语》的教育智慧。

一、《论语》书名释义

取《论语》这样一个书名，自然有其特定的含义。据东汉班固《汉书·艺文志》的说法："《论语》者，孔子应答弟子，时人及弟子相与言而接闻于夫子之语也。当时弟子各有所记。夫子既卒，门人相与辑而论纂，故谓之《论语》。"[1]这段话基本概括了《论语》的成书由来。《论语》中的"论"的声调应读阳平 lún，含编纂的意思。其中的"语"是"言语"的意思，偏重回答别人的问话，或是与人谈论一件事情。"论""语"两字合在一起，就是把这些言语编纂成册的意思。

"论"这里为什么要读阳平 lún？我们可以查阅北宋学者徐铉等人给中国最早的字典《说文解字》的音读，即"论，卢昆切"。所谓"论，卢昆切"，是我国古代的一种注音方法。由于中国上古和中古时期还没有出现现代所谓的注音字母和汉语拼音方案，因此，中国古代的字典及儒家经典注释作品一般都用直音法或反切法，像《说文解字》《康熙字典》，等等。直音法是用同音字来注音，如"女，音汝"。如："子曰：'由！诲女知之乎？'"——朱熹《论语集注》。而反切

(1) 班固：《汉书·艺文志》，中华书局 2007 年版，第 329 页。

法是用两个字拼成一个字的音，称为“某某切”（唐代以前通常称为“某某反”），即用上一个字的声母与下一个字的韵母和声调相拼（反切下字和被切字的声调是一致的，平声调的阴阳取决于反切上字，合成被注字的音。如：“论”字可以用“卢昆切”来注音，因为“卢”（lú）的声母是“l”，“昆”（kūn）的韵母是 un，把 l 和 un 拼读出来，就表示“论”的读音是 L+un=lun。“论”之所以读阳平声调，是因为“卢”的声调是阳平。在此，需要说明的是，由于汉字语音的历史变迁，我们用现代汉语的读音来“切”，不少汉字会无法拼读出正确的读音。如果要系统地掌握反切法，则需要深入学习汉语音韵学的专门知识。

二、《论语》的记录者和编纂者

［微视频］《论语》的记录者和编纂者

如前所述，《论语》是对孔子生平言论的辑录，属于一部语录体的经典作品。其实，《论语》所记载的并不限于孔子与弟子们之间的谈话，还记录了孔子与其时政客的讨论、孔门弟子听了乃师教导之后的相互讨论等，也包括孔门师徒不少的社会实践活动。也就是说，《论语》一书既记言，又载行。对这些言行，孔子的一些弟子各有笔记。孔子去世后，弟子们将各自的笔记进行比对、辑录，再经众人之手而终成《论语》。

按照《汉书·艺文志》“当时弟子各有所记”和“门人相与辑而

论纂”的描述，我们可以推定《论语》的编纂者是孔子的弟子和门人。在先秦时期，私学里不同辈分的学生有不同的称谓。弟子是直接授学的生徒，门人是再传弟子。这就是说，《论语》这部作品是由孔子的弟子和再传弟子共同编纂而成的，凝聚了孔门师生的集体智慧。孔子的第一代弟子众多，号称有三千之众；其第二代的弟子则难以统计了。那么，《论语》究竟书成何人之手呢？

［微视频］《论语》的篇章结构

实际上，《汉书·艺文志》对《论语》书成众手的描述绝非凭空臆造。《论语》本身的文献记载和篇章结构可以佐证《汉书·艺文志》所说。《论语》全书二十篇，每篇由若干章组成。每篇取第一章开头一句里的某两个字作为篇名，如第一篇的开头是“子曰：‘学而时习之，不亦说乎？’”于是取“学而时习之”中的“学而”两字为篇名。篇是由若干章组成的。章是依据文章内容所划分的自成起讫的段落。现今通行的《论语》共二十篇。中华书局出版的杨伯峻的《论语译注》把《论语》分为512章。这512章之间的先后排序并无十分密切的逻辑关系，即使前后两章之间，也很难说有什么内在的逻辑关联。《论语》篇幅不大，却存在不少重复的章句。譬如“巧言令色，鲜矣仁”，先后出现于第一篇《学而》的第3章和第十七篇《阳货》的第17章；“君子博学于文，约之以礼，亦可以弗畔矣夫！”先后出现于第六篇《雍也》的第25章和第十二篇《颜渊》的第15章。又有些不同章句，只是文字详略不同。如：“君子不重”，在第一篇《学而》里就比第九篇《子罕》多出11个字，其他文字完全相同。还有一些章句表达孔子的意思一样，记载却有差异。如第四篇《里仁》的第 14 章说道：“不患莫己知，求为可知也。”第十四篇《宪问》的第 32 章又说：“不患人之不己知，患其不能也。”第十五篇《卫灵公》的第 18 章则说：“君子病无能焉，不病人之不己知也。”列表如下。

《论语》章句异同对照例表

1.3	子曰：“巧言令色，鲜矣仁！”（《论语·学而》）	17.17	子曰：“巧言令色，鲜矣仁。”（《论语·阳货》）
6.25	君子博学于文，约之以礼，亦可以弗畔矣夫！（《论语·雍也》）	12.15	子曰：“博学于文，约之以礼，亦可以弗畔矣夫！”（《论语·颜渊》）
1.8	子曰：“君子不重则不威，学则不固。主忠信。无友不如己者。过则勿惮改。”（《论语·学而》）	9.24	子曰：“主忠信，毋友不如己者，过则勿惮改。”（《论语·子罕》）
14.32	子曰：“不患人之不己知，患其不能也。”（《论语·宪问》）	1.16	子曰：“不患人之不己知，患不知人也。”（《论语·学而》）
4.14	子曰：“不患无位，患所以立；不患莫己知，求为可知也。”（《论语·里仁》）	15.18	子曰：“君子病无能焉，不病人之不己知也。”（《论语·卫灵公》）

从这些《论语》内部的语境现象可以推定：对孔子的言论，的确是“当时弟子各有所记”，不可能由某一个人编纂而成。因此，多数学者主张《论语》是在孔子去世后，由孔子弟子及其再传弟子在不同时期编纂而成的。

对《论语》到底成于孔子的哪几位弟子及其门人，历代学界众说纷纭。其中颇有代表性的说法，当推程朱理学的意见。宋代理学奠基人之一程颐说：“《论语》之书，成于有子、曾子之门人，故其书独二子以子称。”[1]宋代理学集大成者朱熹赞同程颐的观点，并把它吸纳到自己所编的《四书章句集注》之中。最重要的证据是，《论语》记录孔子其他学生的言论都是称其字而不呼其名，如“子贡”（姓端木，名赐，字子贡），“子夏”（姓卜，名商，字子夏），等等。唯独记载有若和曾参所讲的话一概采用“有子”“曾子”这样的尊称。“子”在古代是对德高望重男子的尊称。在《论语》中“子曰”的“子”都是指孔子。《论语》的第一篇《学而》开宗明义，首记孔子的论学旨趣：“学而时习之，不亦说乎？有朋自远方来，不亦乐乎？人不知而不愠，不亦君子乎？”而紧接下来展示在人们眼前的就是“有子曰：‘其为人也孝悌而好犯上者，鲜矣；不好犯上而好作乱者，未之有也。君子务本，本立而道生。孝悌也者，其为人之本与！’”然后再叙录第3章孔子的话：“子曰：‘巧言令色，鲜矣仁！’”随之的第4章就是人们耳熟能详的一段话：“曾子曰：‘吾日三省吾身：为人谋而不忠乎？与朋友交而不信乎？传不习乎？’”《学而》篇总共16章，其中记录有子的话计有3章，除去前引的“有子曰：‘其为人也孝悌……’”，其他两章分别是“有子曰：‘礼之用，和为贵。先王之道，斯为美，小大由之。有所不行，知和而和，不以礼节之，亦不可行’”和“有子曰：‘信近于义，言可复也。恭近于礼，远耻辱也。因不失其亲，亦可宗也’”。而记录曾子的话有两章，即“曾子曰：‘吾日三省吾身……’”章，另加“曾子曰：‘慎终追远，民德归厚矣。’”章。这些证据充分说明，《论语》

（1） 朱熹：《四书章句集注·论语序说》，中华书局2011年版，第46页。

的编纂者对有若、曾参格外地尊敬，由此推定“《论语》之书，成于有子、曾子之门人”还是有道理的。如将《学而》全篇的 16 章进行统计并列表，程颐的观点就一目了然了。

《学而》的语录言说者类别表

语录类别 言说者及章数	独白（单人语录）	对话（众人语录）
孔子（8 章）	1.1 子曰：“学而时习之”章 1.3 子曰：“巧言令色”章 1.5 子曰：“道千乘之国”章 1.6 子曰：“弟子入则孝”章 1.8 子曰：“君子不重则不威”章 1.11 子曰：“父在，观其志”章 1.14 子曰：“君子食无求饱”章 1.16 子曰：“不患人之不己知”章	
有若（3 章）	1.2 有子曰：“其为人也孝弟，而好犯上者”章 1.12 有子曰：“礼之用，和为贵”章 1.13 有子曰：“信近于义”章	
曾参（2 章）	1.4 曾子曰：“吾日三省吾身”章 1.9 曾子曰：“慎终追远”章	
卜商（1 章）	1.7 子夏曰：“贤贤易色”章	
端木赐与陈亢（1 章）		1.10 子禽问于子贡曰：“夫子至于是邦也”章
端木赐与孔子（1 章）		1.15 子贡曰：“贫而无谄”章

如果认同程颐、朱熹的观点，《论语》成书的年代大致也可推定。曾参（前 505 —前 435）作为孔子弟子中年龄最轻者之一，比孔子小 46 岁。孔子生于公元前 551 年，卒于公元前 479 年。曾参卒于公元前 435 年以后，成书时期上限不可能早于公元前 505 年。《孟子》一书继承孔子的思想衣钵，引述了相当多的《论语》原文，这表明孟子学习过《论语》。由此，可以推定《论语》成书下限不会晚于孟子的生年。孟子大致生于公元前 385 至公元前 372 年之间。这样的话，可以说《论语》是由孔子的弟子和再传弟子共同编纂的，延续了一两代人，历经四五十年而结集于公元前 5 世纪末期至公元前 4 世纪初叶，约在战国初期。

三、《论语》的主要传本

《论语》成书于战国初期，距今有两千四五百年。但它的最后定名，大约在西汉前期。汉初曾流传《鲁论语》《齐论语》《古论语》三种不同的本子，后经西汉安昌侯张禹以《鲁论语》为底本，吸纳《齐论语》等相关内容，完成了一个新的校勘本，叫作《张侯论》。今天大家所见到的《论语》二十篇就是汉朝学者在《鲁论语》《齐论语》《古论语》三种底本基础上研究与整理而成的。

自汉代以来，对《论语》进行注释、考证以及义理发挥的书非常多，但影响较大的《论语》注本主要有三国时魏何晏的《论语集解》、北宋邢昺的《论语注疏》、南宋朱熹的《论语集注》、清代刘宝楠的《论语正义》。这里向大家特别推荐现代学者杨伯峻的中华书局版《论语译注》，该书简明扼要，通俗易懂，学风朴实，取材广泛，比较适合初学者学习。

如何品绎《论语》的教育智慧

在儒家众多的经典中，《论语》是最重要的一部教育传世之作。《论语》成书之后，在传统社会一直是流传甚广的教育读物。汉文帝时，《论语》第一次被钦定为官学的博士课目。唐文宗太和年间（827—835），为规范国家教材标准，朝廷刻十二经立石于国学，在《周易》《诗经》《尚书》《仪礼》《周礼》《礼记》《春秋左氏传》《春秋公羊传》《春秋谷梁传》"九经"基础上，增加《孝经》《尔雅》和《论语》。宋代是中国经学史上将儒家十三经最终定名的时代。在五代时期，《孟子》一度由子书上升为经书的地位，但未能得到巩固。迨至宋代程颢、程颐兄弟大力倡导并经朱熹《四书章句集注》（即《大学章句》《中庸章句》《论语集注》《孟子集注》）集结刊刻，《论语》以及《孟子》才得到官方和民间的特别推崇，从而出现了《论语》《孟子》《大学》《中庸》“四书”主体教育形态，它们使经书的教育经典地位得以牢固地确立。自此以后，宋代所定的儒家基本典籍“十三经”便不曾改动。但是宋代并未出现“十三经”这一专有名词。一直到明代汇刻《十三经注疏》才正式有“十三经”的术语称谓。不过，在朱熹看来，《论语》《孟子》《中庸》《大学》是熟饭，拿来即可果腹充饥。看其他经，是大禾为饭。他认为《论语》等四书是学习儒家修身养性、治国安邦之道的最重要的基础读物。历史地看，《论语》的确是了解儒家思想尤其是孔子思想的一部最基本的书。我们认真阅读《论语》，不仅可以吸纳孔子治学修身、教书育人的智慧，而且可以借鉴孔门弟子的胸襟气度、仁厚载物、驻心穷达、博学于文的既仁且智的优秀品质。

《论语》涉及政治、伦理、哲学、美学尤其是教育等方面，从仁政礼治、治国安邦到为人处世、安身立命，蕴含着博大精深的智慧。我们基于教育的立场，不难发现，《论语》对教育作用、教育目的、教育对象、教育过程、教学内容与方法、为师之道以及道德教育等方面的问题都不乏深刻而独到的教育智慧。所谓教育智慧，是涉及感知、记忆、理解、联想、分析、判断、综合诸多层面的一种教育综合思维和实践能力，它包括情感与理性、道德与美感、智力与非智力等众多因素。教育在实践过程中生成圆融的智慧品性，只有智慧的教育才能塑造智慧的人。《论语》的教育智慧主导和影响中华民族文化教育的发展达两千余年，而且还将与时俱进，伴随中国教育的未来一同前行。

《论语》记录了不少精彩的教育格言、故事和教学案例，以及孔子及其弟子们关于教育发展和变革的深邃思考和理想建议，充盈着惠泽古今、远播四方的教育智慧。在经济全球化、“互联网 +”时代，在思想文化交流频繁的今天，如何品绎《论语》的教育智慧是一个涉及方法的问题，也是一个涉及态度的问题。

一般来说，什么样的态度决定采用什么样的方法。如果抱着汲取《论语》谈及为人处世的人生智慧，那么，在学习方法上可以灵活多样；可择师求学，也可自修自习；对《论语》中感兴趣的篇章可多费时力，对兴趣不大的字句不求甚解，也无伤大雅。冬去春来，今日读若干篇章，明日再温故知新，集腋成裘般终生学习，势必对《论语》中人生智慧的林林总总思过半矣。总之，只要手捧《论语》，款款吟诵，静静悦读，总会醉心于令人耳目一新的教育智慧中。

为便于大家更好地习得《论语》的教育智慧，本书选择孔子及其若干杰出弟子（以“孔门十哲”为主）为分析对象，分设为师之道、成仁之境、见义勇为、博学于文、文行忠信、育才之方、学而优则仕 7 个专题，具体纲目如下。

[微视频]
本书内容架构

1. 为师之道：跟孔子学做一个良师

2. 成仁之境：跟颜回学做一个君子

3. 见义勇为：跟子路学做一个勇者

4. 博学于文：跟子夏学做一个学者

5. 文行忠信：以德驭智的教育价值观

6. 育才之方：因材施教的案例分析

7. 学而优则仕：儒家学者的教育情怀

这7个专题相辅相成，共同构成一幅《论语》教育智慧图景。对应上述专题，本书结合对字、词、章句要义的梳理，辨析教育名言的思想渊源及其流变，从历史的视角和理论的层面对《论语》所蕴含的教育智慧进行品绎，具体分析孔子何以成为世人所景仰的良师，理解颜回、子路、子夏何以为孔子眼中“仁智勇”三大方面的优秀弟子，通过向孔子及其弟子借智慧，学习怎样做一个好老师和习得为人处世之道，帮助大家从《论语》的文本中温故而知新，学会欣赏、认识和践行《论语》的教育智慧，进而寻获一种快乐的人生境界。

就品读、寻绎《论语》教育智慧的方法论而言，把握以下几点，并落到实处，就可领略《论语》博大精深的教育智慧。

一、诵读《论语》，品味其中的嘉言懿行

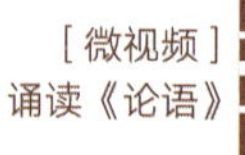

《论语》作为语录体散文的典范，言近旨远，读起来朗朗上口，耐人寻味。喜欢《论语》的人往往强调半部《论语》治天下，这话也许说得有点过头，但并不妨碍人们去诵读《论语》，品味其中的懿行嘉言，进而在潜移默化中养成富有教养的道德人格。宋代教育家程颐

说："读《论语》：有读了全然无事者；有读了后其中得有一两句喜者；有读了后知好之者；有读了后直有不知手之舞之足之蹈之者。"(1)还说："今人不会读书。如读《论语》，未读时是此等人，读了后又只是此等人，便是不曾读。"(2)"颐自十七八读《论语》，当时已晓文义。读之愈久，但觉意味深长。"(3)《论语》的确有着一般性读物不可企及的经典优势，那就是它蕴含醇厚的元典文化能量。按照程颐的理解，品读《论语》实际上就是与经典偕行，直接跟孔子及颜回、子路、子夏、曾参这样的圣贤学习，汲取他们的人生智慧。在 20 世纪 30 年代，面对儒家经典是读抑或不读的大讨论，著名的现代教育家蔡元培在《教育杂志》上公开强调："《论语》是最平易近人的。"(4)因而他主张大学哲学系的学生要学习《论语》，但不要呆读经文。蔡元培的意见是颇为中肯的。

二、弄懂《论语》的字词意思，把握章句的思想要义

要品绎《论语》的教育智慧，首先须弄懂文言词语，理解篇章的文言句式。否则，就根

(1) 朱熹：《四书章句集注・论语序说》，中华书局 2011 年版，第 46 页。
(2) 朱熹：《四书章句集注・论语序说》，中华书局 2011 年版，第 46 页。
(3) 朱熹：《四书章句集注・论语序说》，中华书局 2011 年版，第 46 页。
(4) 蔡元培：《蔡元培先生的意见》，龚鹏程主编：《读经有什么用》，上海人民出版社 2008 年版，第 137 页。

本谈不上真正体会《论语》的教育智慧。譬如“有朋自远方来，不亦乐乎”，这是流传甚广的《论语》经典语句。有的《论语》研究著作对此句这样解释道，“有弟子或志同道合的人从远方来，不是令人很高兴吗？”其实，这样对“朋”的解释是与“友”的含义混淆在一起了。东汉著名学者郑玄指出:“同师曰朋，同志曰友。”将“朋”与“友”两者的词义区别讲得很明白。也就是说，同在一个师门学习的叫作“朋”，而若不在同一个师门的却志同道合的才称作“友”。如果按照“有弟子或志同道合的人从远方来，不是令人很高兴吗？”这样囫囵吞枣的解读，孔子岂不是要说“有朋友自远方来，不亦乐乎”?

三、辨析教育名言的思想渊源及其流变

《论语》之所以成为经典的原因有很多，其中一个非常重要的因素就是它流传在历史和我们现代生活中的名言俯拾皆是，如“见义勇为”“举一反三”“己所不欲，勿施于人”“温故而知新”“学而优则仕”，等等。对一些《论语》当中影响较大的教育名言，我们会追根溯源，提要钩玄，分析起因，观其流变，客观评价它们的利弊得失。

四、从历史视角和在理论层面进行品绎

揭示《论语》教育智慧的深刻内涵，并着重全方位阐释其历史以及现代影响，绝非易事。这需要我们拥有宽广的历史视角和较深的理论功夫。如前所述，《论语》是一本语录体的书，形式上缺乏严密的逻辑论证系统。可以说，概念的模糊性是《论语》的一个突出特征。现代的学术著作和教科书，在讨论一个问题时一般都是先给出概念定义，然后逐步展开论证，最后推导出结论。但是阅读《论语》，几乎找不到任何明确的概念定义。如关于“仁”的理解，这是《论语》里最重要的基本概念。据杨伯峻的《论语译注》统计，“仁”作为孔子思想体系的核心概念，在不同的语境出现了109次，却没有使用一个统一的定义去归纳它的外延和内涵。什么叫作“仁”？孔子在不同的场合针对不同人的提问，给出的答案往往不一样。这要求我们融会贯通，用系统而全面的思维去把握它，不机械地把孔子及其弟子的教育智慧当作一般的知识现象去解读，进而上升到什么“原理”“原则”或者“范式”而做出过度的阐释，更没有必要把孔子在一定情景中对弟子所说的格言警句视为“法则”乃至“教条”。智慧不同于知识，它源于知识但高于知识，有知识不一定有智慧。比如说，“因材施教”这个命题。有人说它是孔子的一个教学原则；有人说“因材施教”是一种教学方法；甚至还有人说“因材施教”是孔子教学乃至整个教育实践中的一个基本原理。“因材

[微视频]
融会贯通

施教”究竟是教育原理，还是教学原则，抑或教学方法？剪不断理还乱，站在各自的立场，自说自话，甚至有意地曲解它的原初含义和教育精神，这是我们在品绎《论语》教育智慧的过程中要注意克服的一种不良现象。

为师之道：

跟孔子学做一个良师

◆ 一个教育家的养成始基于其为师之道的智慧生成。

◆ 孔子为师之道的教育智慧主要有六：有教无类、学而不厌、诲人不倦、一视同仁、相知相契、立德树人。

◆ “有教无类”：在教育面前不分类别，每个人都有接受教育的权利。

◆ “学而不厌”蕴含“以学为乐”“不耻下问”“学无常师”“学思贯通”的教育智慧。

◆ “诲人不倦”涵括“有言之教”和“无言之教”，两者相互映照，乐在其中。

◆ 公正与师爱是“一视同仁”的要义所在。

◆ “相知相契”：师生相交笃厚的情感及境界。

◆ “立德树人”：德育为本，以德修身，以德润才，德才兼备。

在中华上下五千年的文明路上，孔子出现了，他带来了教育之光，带来了为师之道，还带来了智慧充盈、如影随形的孔门十哲，譬如谦谦君子的颜回、见义勇为的子路、博学于文的子夏、能言善辩的宰予，等等。作为中国的至圣先师，孔子无愧为中国历史上第一个以私人身份培养了一大批学生的伟大教育家。据《史记》记载，孔子教授了三千弟子，其中通明“六艺”的有七十二人。即如司马迁所说：“孔子以诗书礼乐教，弟子盖三千焉，身通六艺者七十有二人。”[1]但孔子是怎样练成一个良师的？个中缘由，值得深思。

孔子一生钟情于教育事业，讲学几近五十个春秋，可以说桃李满天下。孔子向来为世人所景仰，被奉为万世师表、教师的楷模。如果想做孔子那样的良师，需要向孔子借些什么智慧呢？概而言之，可从有教无类、学而不厌、诲人不倦、一视同仁、相知相契、立德树人这六条去品鉴孔子的教育智慧。

第一条，要始终遵循“有教无类”的招生准则，这就涉及教育对象的问题，教育的大门应该向谁开放？第二条，要不懈坚持“学而不厌”的求知志向，即要成为一个好老师，首先要有广博的学识。第三条，要有不断修养“诲人不倦”的精神境界。要想成为一名优秀的老师，光有学识是不够的，还必须学以致用，用心培养学生，达到一种比较崇高的教育境界。第四条，要不忘贯彻“一视同仁”的待人态度，即老师要平等对待每一个学生。第五条，要善于建立“相知相契”的

（1） 司马迁：《史记·孔子世家》，中华书局2011年版，第1734页。

师生情谊，努力在教和学的过程中营造出师生和谐的氛围。第六条，要切实践行“立德树人”的教育理念，把道德教育贯穿知识教育之中。相较于前五条，第六条“立德树人”最为根本，因为在孔子看来，“立德树人”是教育宗旨所在。

有教无类

“有教无类”十分鲜明地表达了孔子的教育使命感。

在系统探讨孔子为师之道的教育智慧之前，有必要大致了解一下孔子的生平事迹。孔子，名丘，字仲尼。出生于公元前551年，去世于公元前479年。孔子的活动时间在春秋末期，是鲁国陬邑人。《史记·孔子世家》有这样一则材料：“孔子为儿嬉戏，常陈俎豆，设礼容。”[1]可以看出孔子在少年时期（据考证大约是在10岁）就显现出喜好礼乐文化的倾向。他小时候经常接触礼器，摆设俎豆（俎豆是古代在祭祀、宴飨时盛食物用的一种礼器）等种种礼器，演习一些礼仪活动。孔子不无自豪地说，“吾十有五而志于学”，

（1） 司马迁：《史记·孔子世家》，中华书局2011年版，第1709页。

即说自己 15 岁就立下了求学的坚定志向。年龄稍长一些时，孔子出来做官了，起初做了“委吏”和“乘田”之类的低级官吏。“委吏”是负责仓库事务的小官吏，“乘田”则是管理牛羊生养方面的小官吏。到了 30 岁，孔子的人生发生了一个重大的转折。他凭一己之力创办私学，开始收徒讲学了。孔子办私学，这可是非常了不起的一件事情。到了 35 岁，因鲁国内乱，孔子离开了鲁国，前往齐国，大概待了两年时间。当时齐国在位的君主叫齐景公，因政见不同，孔子没有被齐景公所用，随即返鲁。之后，孔子安居鲁国 15 年，一边编订《诗》《书》《礼》《乐》，一边进行教学活动，培养学生。到了 55 岁，孔子再次离开鲁国，开始周游列国，用去 14 年的光阴推行他的仁政学说。到了 68 岁，他结束苦乐参半的远游生涯，又回到鲁国，专心于文化典籍整理和教书育人事业，坚守“有教无类”的教育信念，不知老之将至，一生孜孜以求，培养出三千弟子，其中成就突出的多达七十二人。

对孔子的生平事迹有了初步认识后，再了解一下孔子在历史上的称谓。不管是出于治国安邦的政治动机，还是出于化民成俗的教育考虑，两汉以后，历代王朝都把孔子定位为一个至高无上的教育家。许多君王都把孔子定位为“至圣先师”。所谓“至圣”，是把孔子作为师法的楷模，视孔子为理想人格的最高化身；而所谓“先师”，是指孔子在道德和学问上永远可奉为学为君子的典范。从思想的本质来讲，孔子奠基的儒学乃教人学做君子的学问。孔子身为儒家学为君子的最先倡导者和实践者，其思想核心是仁学，而

[微视频]
孔子称谓封号

仁学落实在教育层面上，就是教人怎样成为一个君子。

司马迁对孔子的评价非常高，说："孔子布衣，传十余世，学者宗之。自天子王侯，中国言六艺者折中于夫子，可谓至圣矣！"[1]对这句话我们解释一下，"布衣"就是用麻布做的衣服，它是平民百姓穿的衣服，贵族是不穿这种衣服的。"中国"是指中原地区。"折中"意味着标准。总而言之，孔子以一个布衣百姓的身份闻名于后世，学习的人都以他为师。从天子、王公贵族，到平民百姓，中原地区各地的人谈"六艺"都以孔子的思想为准绳。可以说，孔子是至大的圣人。

孔子本人对自己是怎么评价的？能不能接受"圣人"这么高的称呼？孔子说："若圣与仁，则吾岂敢？抑为之不厌，诲人不倦，则可谓云尔已矣。"公西华曰："正唯弟子不能学也。"[2]意思是说：假如说我是圣人和仁者，那我怎么敢当啊？我只不过是一生学而不厌，教导人们好好学习，怎么成才；一生努力地朝着仁者、圣人这个目标不断前行罢了。孔子很谦虚，表示不接受自己是圣人的这个说法。当然，他对"仁者"的要求也很高，在孔子看来，能够达到"仁者"境界的人是相当少的。孔子认为自己离"仁者"这个境界亦尚有距离。

汉武帝采用"独尊儒术，罢黜百家"的文教政策，为后世确立孔子"至圣先师"的地位奠定了基调。唐朝贞观二年（628 年），唐太宗下诏以孔子为先圣，命令把孔子的雕像、塑像供奉在中央官学。在贞

（1） 司马迁：《史记 · 孔子世家》，中华书局 2011 年版，第 1741 页。

（2） 朱熹：《四书章句集注 · 论语集注 · 述而》，中华书局 2011 年版，第 97 页。

观四年（630年），唐太宗又诏令各州各县建立孔庙，让孔子接受人们的崇拜以尊重儒家文化。明朝嘉靖皇帝则诏令称孔子为“至圣先师”。清朝因袭明制，尊孔崇儒。顺治皇帝把孔子称为“大成至圣文宣先师孔子”，到了顺治十四年则改成“至圣先师”。从此以后，清代一直相沿未改。

孔子之所以被后人称为“至圣先师”，得益于他对教育所做的贡献。孔子创办私学，将“有教无类”作为办学方针，指导他的教育实践活动。作为影响中国两千多年的教育命题，我们有必要了解“有教无类”的思想内涵以及历史意义，从这两个方面来具体了解孔子关于招生对象的问题有哪些思考，给后人留下了哪些智慧。

“有教无类”见于《论语·卫灵公》。其最基本的含义是什么？孔子本人没有给它下一个定义，而他的弟子以及再传弟子也没有直接解释“有教无类”的含义，因此，这给后世学者留下了巨大的解释空间。一千多年来，关于“有教无类”的解释，可谓仁者见仁，智者见智。东汉时期著名学者马融解释说：“言人所在见教，无有种类。”[1]“见教”即是接受教育的意思。马融的解释要义是：不论哪一类人，都可以给他教育。这个解释被后世大多数学者所认同。宋代朱

（1）《十三经注疏·论语注疏·卫灵公第十五》卷十五，阮元校刻，中华书局1980年版，第2518页。

熹解释说：“人性皆善，而其类有善恶之殊者，气习之染也。故君子有教，则人皆可以复于善，而不当复论其类之恶矣。”[1]朱熹的解释要义是：人都可以接受教育，而从善去恶。显然，朱熹是站在人性善恶的角度来解释“有教无类”的基本含义的。人性论是儒家教育思想当中一个非常重要的组成部分，也是中国儒家教育思想的理论基础所在。朱熹把人性分成天命之性、气秉之性，他的人性观是二元论。他强调人与生俱来是善的，而教育的作用主要是帮助人们恢复、保持和发扬人固有的善性，而把被环境所污染的恶性给去掉，人就可从善如流了。

无论汉朝的马融，还是宋朝的朱熹，他们的解释尽管角度不同，但是均有一定的道理。因为他们二人的解释都符合教育客观的历史发展，也符合孔子授徒讲学的实际情况。结合孔子所处的历史背景和孔子的三千弟子特别是七十二高徒的基本情况可知，“有教无类”的基本含义是无论贫富、贵贱、种族等方面的类别，人人都可以接受教育。

孔子提出这个思想命题，有着深厚的历史背景。“有教无类”实际上是针对“学在官府”的现象提出的。“学在官府”这种历史现象，有其客观的原因：一是唯官有器，而民无器。在春秋之前，古代的典章文物被各级官府控制，礼、乐、射、艺等器物被收藏于国君王侯的宗庙之中，如各种各样的编钟、鼎、簋、盘、

[微视频]
“有教无类”
产生的背景

（1） 朱熹：《四书章句集注·论语集注·卫灵公》，中华书局 2011 年版，第 157 页。

俎、豆，平民很难有机会接触。二是唯官有书，而民无书。西周时期生产水平仍然不高，当时的书是竹简形态，纸本形态的书还未出现。用竹简制作的书册，不仅极其繁重，而且价格也十分昂贵，只有官府才具有制作书册的人力和财力，而平民百姓囿于政治经济条件，不能制作书册，所以民间无书。三是唯官有学，而民无学。在春秋以前学术文化完全被官府、各级贵族所垄断，教育非官莫属，学术官守，而民无学。因此，能够受教育的都是贵族子弟，而平民子弟几乎接触不到学术文化。

概而言之，“学在官府”即学术完全被官方垄断。那时只有官学，而无私学。而孔子创办私学，打破了“学在官府”的局面，“有教无类”作为私学的办学方针孕育而生。孔子第一次公开倡导“有教无类”的教育主张，强调教育应该不分高低贵贱、贫富差异、种族等类别，充分彰显出他的教育责任感和历史使命感，这在中国历史上产生了深远的影响。

孔子不仅提出了充满智慧之光的“有教无类”这一教育命题，而且将其落实到教育实践中。通过文献查证，在中国学术史上，历代学者针对孔子“有教无类”的生源情况进行过具体的考察。如清代著名学者朱彝尊撰写了《孔子弟子考》一书，考证出孔子的98个弟子，并记录了其基本情况。《庄子》《吕氏春秋》《荀子》等相关文献，也记录了孔门弟子的基本情况。证实孔子“有教无类”的思想是否落实到具体的教育实践活动，不妨从经济条件、政治地位、地域等角度，对孔门弟子进行分类统计并举例分析，从而更清

［微视频］
孔门生源简况

晰地考察孔子对“有教无类”的落实情况，见下表。

孔子“有教无类”简表

贵贱	贵者	南宫敬叔、孟武伯、孟懿子、司马牛
	贱者	颜路、颜回、冉雍、原宪、曾参、曾皙、闵子骞、颛孙师等人
贫富	贫者	颜路、颜回、闵损、原宪、曾参、子路等人
	富者	子贡
地域		鲁国、卫国、齐国、晋国、陈国、宋国、吴国、楚国、秦国
其他		颜涿聚（曾经做过“大盗”）、公冶长（曾经是犯人）

从政治地位的角度分析，在孔子的弟子中有贵族身份的只有4个人（有的学者认为只有3个人），其他的基本上都是贱者。出身于贵族的弟子，有南宫敬叔、孟武伯、孟懿子和司马牛。贱者出身的弟子，有颜路、颜回、冉雍、原宪、曾参、曾皙、闵子骞、颛孙师等人。显然，孔子的弟子出身于不同的阶级和阶层。

从经济条件的角度分析，在孔子的弟子当中，真正有钱的只有子贡（姓端木，名赐，字子贡）一人，其他弟子，绝大多数都属于贫者。子贡的经商能力特别强，所以他很富裕，属于富者。而穷居陋巷、箪食瓢饮的颜回，卞之野人、以藜藿为食的子路，因穷困以至于三年不举火、五年不制衣的曾参，父为贱人、家无立锥之地的仲弓等人，都属于贫者。

从地域分布的角度分析，孔门的弟子主要来自鲁、卫、齐、晋、陈、宋、吴、楚、秦等国，分布地极广，几乎囊括了当时主要的诸侯国。孔子是鲁国人。除了鲁国以外，孔子也招收了来自陈国、宋国、吴国、楚国等的学生。显然，孔子是不排斥地域、国别的，这也说明了孔子是真正体现了“有教无类”的教育主张的。而且从某种意义上讲，孔子是一个“国际主义”的教育家。

从种族的角度分析，孔子的三千弟子，大多数都属于华夏民族（文化比较发达的民族），来自鲁、卫、齐、陈、晋、宋等国。少数学生来自当时所谓的蛮族（吴国、楚国），如公孙龙、言偃。从西边之国——秦国招收了秦祖、壤驷赤等。由此看出，孔子的学生来自不同的种族。

那“有教无类”有何突出的特征呢？繁多且庞杂。南郭惠子（姓南郭，谥号惠子）与子贡有一段对话：“南郭惠子问于子贡曰：‘夫子之门，何其杂也？’子贡曰：‘君子正身以俟，欲来者不拒，欲去者不止。且夫良医之门多病人，隐括之侧多枉木，是以杂也。’”(1)南郭惠子问子贡，孔子的学生怎么如此庞杂呢？子贡说：孔子对凡是想来的人从来不加以拒绝，想走的人也绝不阻止。良医的门口为何总是有那么多的患者来求治呢？在矫正弯曲木材的工具旁为何总是堆放那么多的木材等待处理呢？是因为它们比较庞杂。不言而喻，正是因为孔子倡导“有教无类”的教育方针，出入于孔子门庭的弟子才会如此庞杂而繁多。

通过对文献史料的分析可知，孔子提出的“有教无类”并不是一句空话。他顺应文化下移的历史潮流，适应士阶层的兴起，把教育对

(1) 王先谦：《荀子集解下·法行篇第三十》，沈啸寰、王星贤点校，中华书局1988年版，第536—537页。

［微视频］
“有教无类”的影响

象由贵族推广到平民，扩大了教育的社会基础和人才来源，使学术文化下移到民间，为春秋战国时期私学的勃兴和士阶层的崛起奠定了强有力的思想基础，这在中国教育史上具有划时代的意义。

孔子在招生时是否是无条件的呢？孔子在招生时，收不收学费呢？是否考虑学生的年龄问题？针对这些问题，历代学者众说纷纭，莫衷一是。

［微视频］
束脩问题

孔子自述“自行束脩以上，吾未尝无诲焉”。[1]关于这一章，因对“束脩”的理解不同，人们对其解释众说纷纭。其中影响比较大的有两种解释。第一种解释，认为“束脩”指干肉。其意引申为：向老师登门求教是否要带上一点见面礼？这干肉在当时是否很昂贵？有的学者认为是，有的学者则认为否，如钱穆先生认为干肉在当时来讲是薄礼，并不是很昂贵，一般人都交得起。若将“束脩”解释为薄礼，则“自行束脩以上，吾未尝无诲焉”可理解为：“只要主动地给我一点拜师求教的薄礼，我从来没有不教诲的。”照此解释，“薄礼”可理解为是现在的“学费”之意，也意味着孔子招生时，其前提条件是献上“薄礼”。

第二种解释，将“束脩”解释成年龄，指15岁。在古代，男子入大学（古代有小学、大学之分），要“行束脩之礼”。“束脩”，指15岁。

（1） 朱熹：《四书章句集注·论语集注·述而》，中华书局2011年版，第91页。

按此解释，“自行束脩以上”，即自15岁以上。则“自行束脩以上，吾未尝无诲焉”意思可理解为：“自15岁以上的学生来求学的，我从来没有不教诲的。”从招生的角度分析，“束脩”作“15岁”之意，“15岁”既可视为对求学之人年龄的限制。由此可知，孔子招生的前提条件是年满15岁以上。清代学者朱彝尊的《孔子弟子考》考证的孔子的98个弟子以及司马迁的《仲尼弟子列传》都涉及年龄问题。在一定程度上，这种解释也是合理的。除此之外，还有另一种解释，将“束脩”解释为“束腰带”，这种解释没有太多的学术思想意义。

总而言之，“有教无类”言简义丰，我们结合《论语》从不同层面解读其重要含义，可以更加丰富多彩地品绎孔子的教育智慧。

学而不厌

孔子一生学而不厌，诲人不倦。其中，“学而不厌”是孔子主张应成为良师的重要品质之一。“学而不厌”的基本含义可以概括为：学习总感到不满足，对知识的探索和真善美的追求没有止境。其中，“学”的主要内涵涉及两个层面：一是知识之学，二是为人之学。

谈及为学、为师之道，孔子常常提及“学而不厌”这个教育命题，那“学而不厌”蕴含了怎样的教育智慧呢？

《论语·述而》记载："默而识之，学而不厌，诲人不倦。何有于我哉？"(1)

孔子在此谈到了关于学和教过程中的三件事情：默而识之，学而不厌，诲人不倦。第一件事情是"默而识之"。一个"默"字，形象地再现了孔子心无旁骛地沉浸于学习之中，而"识"字表达出孔子从阅读到理解乃至牢记所学知识的一个心理认知过程。西周时期，礼崩乐坏，民间寻常百姓要找到竹简书册很困难。若想成为一名老师，不仅要博览群书，而且要形成"默而识之"的良好学习习惯。

第二件事情是"学而不厌"。"学而不厌"译为对待学习从不满足。"不厌"二字高度彰显了孔了高湛的学习精神。"学而不厌"折射出孔子非常重视对学问的追求，对学习从来不感到厌烦，始终保持着强烈的求知欲望，一直在追赶，总怕赶不上，赶上了又怕遗忘，即："学如不及，犹恐失之。"(2)

第三件事情是"诲人不倦"。"诲人不倦"是在"学而不厌"基础上提出的，"不倦"二字反映出孔子对教学的热情。后面会论及"诲人不倦"的教育智慧，在此不过多解释。

"默而识之""学而不厌""诲人不倦"作为孔子在学习和教学过程中的三件事情，三者之间是相辅相成的。"默而识之"是"学而不

(1) 朱熹：《四书章句集注·论语集注·述而》，中华书局 2011 年版，第 90 页。
(2) 朱熹：《四书章句集注·论语集注·泰伯》，中华书局 2011 年版，第 102 页。

厌”的基础，“诲人不倦”是“学而不厌”的目标。

做到“学而不厌”并非易事，那孔子本人是如何做到“学而不厌”的呢？又是如何处理学生的疲倦感的呢？举一例来分析孔子如何应对学生的学习疲倦。

［微视频］“学而不厌”的基础与目标

《荀子·大略》篇记载了孔子和子贡关于“学而不厌”的对话。

子贡问于孔子曰：“赐倦于学矣，愿息事君。”孔子曰：“《诗》云：‘温恭朝夕，执事有恪。’事君难，事君焉可息哉？”“然则，赐愿息事亲。”孔子曰：“《诗》云：‘孝子不匮，永锡尔类。’事亲难，事亲焉可息哉？”“然则，赐愿息于妻子。”孔子曰：“《诗》云：‘刑于寡妻，至于兄弟，以御于家邦。’妻子难，妻子焉可息哉？”“然则，赐愿息于朋友。”孔子曰：“《诗》云：‘朋友攸摄，摄以威仪。’朋友难，朋友焉可息哉？”“然则，赐愿息耕。”孔子曰：“《诗》云：‘昼尔于茅，宵尔索绹，亟其乘屋，其始播百谷。’耕难，耕焉可息哉？”“然则，赐无息者乎？”孔子曰：“望其圹，皋如也，嵮如也，鬲如也，此则知所息矣。”子贡曰：“大哉，死乎！君子息焉，小人休焉。”[(1)]

这段话的意思是，子贡问孔子：“我对学习感到厌倦了，希望停止学习去侍奉君主。”孔子说：“《诗经》说：‘早晚温和又恭敬，做事认真又谨慎。’侍奉君主不容易，侍奉君主怎么可以停止学习呢？”子贡说：“这样的话，那么我希望停止学习去侍奉父母。”孔子说：“《诗

(1) 牟瑞平译注：《荀子·大略》，山东友谊出版社 2001 年版，第 722—723 页。

经》说：‘孝子之孝无穷尽，上天才会赐福你。’侍奉父母不容易，侍奉父母怎么可以停止学习呢？”子贡说：“这样的话，那么我希望停止学习去娶妻生子。”孔子说：“《诗经》说：‘先给妻子做榜样，然后影响到兄弟，以此治理家和邦。’养育妻儿不容易，养育妻儿怎么可以停止学习呢？”子贡说：“这样的话，那么我希望停止学习去结交朋友。”孔子说：“《诗经》说：‘朋友之间要相互辅助，相助才能仪表威严。’和朋友在一起不容易，在朋友那里怎么可以停止学习呢？”子贡说：“这样的话，那么我希望停止学习去种田。”孔子说：“《诗经》说：‘白天要去割茅草，夜里搓绳要搓好，急忙登屋修屋顶，又要开始播种了。’种田不容易，种田怎么可以停止学习呢？”子贡说：“这样的话，那么我就永远没有停止学习的时候了吗？”孔子说：“远望那个坟墓，高高的样子，山顶般的样子，鼎鬲似的样子，看到这个你就知道可以停止学习的时间了。”子贡说：“死亡的意义可真伟大啊！君子停止学习了，小人也就完结了。”

弟子子贡对学习感到疲倦了，想去做别的事情，孔子对此并未应允，而是告诉子贡每件事的不易之处，最终让子贡知难而退，专心于学习。当弟子们对学习感到疲倦时，孔子动之以情，晓之以理，从而使其树立终身学习的学习观。

孔子认为，“学而不厌”是为师之道，是老师应具备的品质之一。那如何把握“学而不厌”的具体内涵呢？可以从四个方面去把握：第一，以学为乐；第二，不耻下问；第三，学无常师；第四，学思贯通。

第一，以学为乐。孔子学为人师，他特别重视学习。“以学为乐”

[微视频]
以学为乐

意为“乐于学习，视学习为快乐”。孔子认为，要成为一个良师，必须接受教育，并作风优良，博学多能，师德高尚。如此，方能言传身教，教书育人。换言之，为师者必须好学，才能够承担教书育人的重任。为此，他严格要求自己，为弟子们树立了一个好学、乐学的榜样。

孔子自述：“十室之邑，必有忠信如丘焉，不如丘之好学也。”(1)

即使十户人家的小村子，也一定有像我这样讲究忠信的人，只是不如我那样好学罢了。孔子自认为是学而知之，而不是生而知之，所以他一生强调好学的学习态度。这对于成为一个优秀的老师具有重要意义。

孔子以学为乐，学与乐融会贯通。子曰：“学而时习之，不亦说乎？有朋自远方来，不亦乐乎？人不知而不愠，不亦君子乎？”(2)三言两语蕴含了孔子的两种快乐：“学”与“习”之乐和“朋自远方来”之乐。理解孔子的“朋自远方来”之乐，离不开对“朋”字的解读，汉代学者包咸把它解释为：“同门曰朋。”意即同一个师门下接受学习的人称为“朋”，与现代“同学”一词同义；清代著名经学家宋翔凤解释：“弟子至自远方，即有朋自远方来也。”“朋”明确指弟子，而不是其他人，所以孔子的“朋自远方来之乐”，即弟子自远方来

[微视频]
同学之乐

(1) 朱熹：《四书章句集注·论语集注·公冶长》，中华书局 2011 年版，第 81 页。
(2) 朱熹：《四书章句集注·论语集注·学而》，中华书局 2011 年版，第 49 页。

之乐。

同样，要理解孔子的“学”与“习”之乐，也离不开对“学而时习之”的解释。仔细推敲“学而时习之”这句话，会发现其省略了主语。到底是谁“学而时习之”呢？从汉代包咸和清代学者宋翔凤的理解中可以发现，“学而时习之”的主语应该是孔子。

我们可以从教育智慧的角度来分析“学”的含义。“学”的主要内涵是彰显人的主体性，“习”主要是立足人的实践性，“学”和“习”两者之间是通过“时”而联结的。“时”，名词活用作状语，可译成“适当的时机”。“学而时习之”可理解为“在适当的时机将所‘学’的各种知识（包括礼、乐、射、御等生活技能知识，以及《诗》《书》《礼》《乐》等理论形态知识）和人生哲理恰如其分地运用于所‘习’的社会实践中”。“习”不能被简单理解为“温习，复习”，它具有更深刻的含义，那就是实习、实践、践行，即孔子主张将学到的知识和道理在适当的时机运用于社会实践。孔子认为能把学到的知识和道理在适当的时候运用于实践，也是人生中的一件乐事。

第二，“不耻下问”。“不耻下问”的含义是不以向地位低的人请教问题而感到可耻。在《论语》中，孔子是如何通过“不耻下问”这个教育命题来谈为师之道的呢？

子贡问曰：“孔文子何以谓之文也？”子曰：“敏而好学，不耻下问，是以谓之文也。”[1]

（1） 朱熹：《四书章句集注·论语集注·公冶长》，中华书局2011年版，第78页。

孔文子，姓孔，名圉，是鲁国的大夫。孔子认为孔文子能够获得“文”的谥号，在于热爱学习，虽然身居大夫的地位，却能向地位低的人请教而不觉得可耻。在孔子看来，不耻下问是一种很优秀的品质，对于能做到不耻下问的人更应给予高度的评价。

孔子本人学识很渊博，除得益于博览群书之外，更在于他多问、多听、多思、多想。多问是孔子获得学问的主要学习方式。《论语》记载了孔子多问的章句，如：“子入大庙，每事问。或曰：‘孰谓鄹人之子知礼乎？入大庙，每事问。’子闻之曰：‘是礼也。’”(1)

“入大庙，每事问”，即孔子进入大庙，对每一桩事情都主动询问。“入大庙，每事问”是针对孔子“多问”这一品质的经典记录。鲁国的大庙是王公贵族供奉周公姬旦举行祭祀的重要场所，其祭祀仪式烦冗复杂，孔子每次入大庙，对每事都要询问。这种坚持不懈地主动去向别人请教的学习态度，折射出孔子虚心好学、不耻下问的崇高学习品质。

第三，“学无常师”。所谓“学无常师”，指求学没有固定的教师。根据史料，我们无法明确孔子就读于哪所学校。那么孔子的学问从哪里来？他到底有没有老师呢？

“卫公孙朝问于子贡曰：‘仲尼焉学？’子贡曰：‘文、武之道，未

(1) 朱熹：《四书章句集注 · 论语集注 · 八佾》，中华书局 2011 年版，第 65 页。

坠于地，在人。贤者识其大者，不贤者识其小者。莫不有文、武之道焉。夫子焉不学？而亦何常师之有？’”[1]卫国的公孙朝向子贡请问：孔子的学问从哪里来的？子贡答以“文王、武王之道从未丧失过，它散落在民间。有贤德的人能够把握住大的方面，没有贤德的人能够把握住小的方面。文王、武王之道无处不在，我的老师哪里都可以学习，何必要固定的老师呢？由此可知，孔子未尝没有老师，只是学无常师。

孔子年少时到处拜师求学，遍访名家大师。《史记·孔子世家》《老子》和《韩非子列传》都记载了孔子专门向老子请教关于礼仪、礼制的知识。

公元前521年，孔子师从老子。老子在洛邑（今洛阳）担任“守长史”一职，孔子偶然间得知南宫敬书前往京都洛邑，孔子征得鲁昭公的同意与其一同前往，向老子请教礼制知识。孔子受益匪浅，老子临别赠言，曰：“吾闻富贵者送人以财，仁人者送人以言。吾不能富贵，窃仁人之号，送子以言，曰：‘聪明深察而近于死者，好议人者也。博辩广大危其身者，发人之恶者也。为人子者毋以有己，为人臣者毋以有己。’”[2]

从以上对话中，我们可以得知孔子师从老子习礼仪，学习时间短，

（1） 朱熹：《四书章句集注·论语集注·子张》，中华书局2011年版，第178—179页。
（2） 司马迁：《史记·孔子世家》，中华书局2011年版，第1711页。

但收获颇丰。

据司马迁的《史记·孔子世家》记载，孔子除了师从老子，还师从过其他人。如师从师襄学琴，师从郯子学少皞氏时代的官职名称，师从苌弘学古乐。以孔子之见，三人行必有我师，因此，孔子认为学习不必有固定的老师，即学无常师。由此，孔子“学无常师”的教育话题与其提出“三人行，必有我师焉”息息相关，“学无常师”的智慧行为也与“不耻下问”的学习作风密不可分。

子曰：“三人行，必有我师焉。择其善者而从之，其不善者而改之。”[(1)]这里的“三”是虚数，泛指几个人。“行”不能被简单地理解为“行走、走路”。“三人行，必有我师焉”蕴含众人之间相互探讨学问之意，要求人们主动习得他人的长处。

第四，“学思贯通”。孔子在一生的教育生涯中，极为重视“学”，将“学”视作为师者求生求职的起点。《论语》记载“学”的语境共43章，计61次，可见孔子对“学”的重视。子曰：“学而不思则罔，思而不学则殆。”[(2)]一个人若埋头学习而不思考就会陷入迷茫；若只是冥思苦想，而又不学习，就会无所适从，终究难以获得真正的知识。所谓“学”，即着重从所闻所见的知识当中去归纳总结，属于一种感性认识。而“思”包含了所闻所见的知识，并对

［微视频］
学思贯通

（1） 朱熹：《四书章句集注·论语集注·述而》，中华书局2011年版，第95页。
（2） 朱熹：《四书章句集注·论语集注·为政》，中华书局2011年版，第58页。

之进行分析综合、归纳演绎以形成一种规律性的认识，它属于一种理性认识。“学”和“思”两者相互配合，实际上是由感性到理性的学习过程。孔子认为“学”和“思”是相互贯通的，即两者是互为前提、互相促进的关系。

孔子把“学”和“思”作为矛盾的两面有机统一起来，将其贯穿在求知践行的学习过程中，达到学中有思，思中有学。“学”的作用主要是占有材料，而“思”的作用主要是进行理性分析。对此，孔子说：“吾尝终日不食，终夜不寝，以思，无益，不如学也。”[(1)]孔子曾经整天不吃饭，整个晚上都不睡觉，去思考一些问题。但是思前想后，得不到什么知识，还不如脚踏实地认认真真去学习。孔子用他自己的亲身经历来教育他的弟了们，在学习过程中，要做到学思贯通，由学而思，由思而进。即由理论去指导，然后再实践。孔子自述“吾道一以贯之”，把“道”上升至学习的理论高度。道，即学习之道。

子曰：“赐也，女以予为多学而识之者与？”对曰：“然，非与？”曰：“非也，予一以贯之。”[(2)]

子贡认为孔子学识渊博，在于其多学。但对此看法，孔子并不苟同，他认为是自己能够把所学所思的知识融会贯通，并且上升到“道”的高度。

子曰：“参乎！吾道一以贯之。”曾子曰：“唯。”子出。门人问曰：

（1） 朱熹：《四书章句集注·论语集注·卫灵公》，中华书局 2011 年版，第 156 页。
（2） 朱熹：《四书章句集注·论语集注·卫灵公》，中华书局 2011 年版，第 151 页。

“何谓也？”曾子曰：“夫子之道，忠恕而已矣。”(1)

孔子自述“吾道一以贯之”，其中，“之”是什么呢？换言之，思和学的对象、内容是什么？曾参认为“夫子之道，忠恕而已”。尽心尽力，谓之“忠”；推己及人，谓之“恕”。“忠”“恕”显然着重道德伦理层面的含义。孔子所学所思的重心是在道德伦理知识、政治知识。

概而言之，孔子认为为师之道的教育智慧离不开“学思贯通”，即善于学习、思考，方能成就良师。这一点对后世学者产生了深远的影响。

诲人不倦

[微视频]“诲人不倦”的含义

孔子一生不仅乐学、好学，而且乐教、善教。“学而不厌”是对孔子乐学、好学的高度概括，而“诲人不倦”则是对其一生善教、乐教的写照。“诲人不倦”在《论语》中一共出现了两次，皆在《论语·述而》篇，分别是：

(1) 朱熹：《四书章句集注·论语集注·里仁》，中华书局2011年版，第71页。

子曰:“默而识之,学而不厌,诲人不倦,何有于我哉?”[1]

子曰:“若圣与仁,则吾其敢?抑为之不厌,诲人不倦,则可谓云尔已矣!”[2]

《论语》是由孔子的弟子及再传弟子记录和编撰的,“诲人不倦”出现两次,说明孔子“诲人不倦”的形象深深印在弟子及再传弟子的脑海中。“诲人不倦”的基本含义是教导别人而不感到疲惫。“诲人不倦”蕴含了孔子哪些教育智慧呢?下面立足《论语》的原文,从三个方面分析、探究“诲人不倦”的教育智慧。

第一个方面,从“诲人不倦”的教育对象,揭示“诲人”的“人”的深刻思想含义。第二个方面,从“诲人不倦”的教学要义、精髓去把握孔子的教育智慧。孔子把“教”分成两种方式:一是“有言之教”;二是“无言之教”。第三个方面,“诲人不倦”的重要品质,即为师者在教育教学中如何做到不知疲倦,贵在“不倦”。

第一个方面,诲人不倦的教育对象——“人”有何深刻的思想含义?诲,教导、引导之意。教导、引导的对象是谁?孔子答以“人”,即诲人,重视“人”的教育。在中国教育思想史上,孔子堪称第一个重视教育作用的教育家、思想家。孔子是怎么样去发现人的呢?怎么样去重视人的教育呢?《论语·乡党》记载:“厩焚。子退朝,曰:‘伤人乎?’不问马。”[3]

---

(1) 朱熹:《四书章句集注·论语集注·述而》,中华书局2011年版,第90页。

(2) 朱熹:《四书章句集注·论语集注·述而》,中华书局2011年版,第97页。

(3) 朱熹:《四书章句集注·论语集注·乡党》,中华书局2011年版,第115页。

在中国历史上，不同的学者对此有不同的分章断句处理。例如唐朝学者陆德明在《经典释文》中论述道："一读'不'字绝句。"即读到"不"，后面要有停顿。据陆德明的断句法，对该章的标点有两种：

第一种："厩焚，子退朝。曰：'伤人乎不？'问马。"

第二种："厩焚，子退朝。曰：'伤人乎？'不。问马。"

这两种断句法有没有道理呢？从强调的主体来分析，都是先关心人，然后关心马，保留了基本的意思，应该说是有一定道理的。但根据先秦时期语言表达习惯来分析，这两种断句法都是不合理的。"伤人乎？"不问马。"不"字修饰"问马"，这种断句是正确的。因为在先秦的古典文献中，"不"为否定副词，它不放在句尾，没有"伤人乎不"这种语言表达习惯。

同样，"'伤人乎？'不。问马。""不"单独成句，也不符合先秦古籍的语法习惯，即"不"字不能单独成句，"不"字通常作为否定副词修饰动词或动宾结构。所以第二种断句也是不正确的。

"'伤人乎？'不问马"，从表面上，马棚烧了，孔子首先关心的是人还是马的先后问题，但其背后却蕴含着孔子"以人为本"的教育理念。孔子从朝廷上办完事回到家，发现马棚被烧了。他首先关心的是人，而不是马。春秋末期，一匹马的价值很高，特别是一匹良马，大约可以买到 20 个奴隶。那孔子不关心马而关心人，从思想史来讲，这是孔子发现"人"的重要性，然后在这

个基础上谈教育作用。教育对象是谁？“诲人”，教诲谁？主要是诲“人”。因为在此之前，以神为本，而人是没什么地位的，特别是下层的贱人、奴隶更是毫无人格可言。所以“诲人不倦”的教育对象指向人，它被孔子赋予浓重的人文色彩。

孔子在教育上“发现人”，那孔子如何看待“人”呢？如何看待人与教育之间的关联呢？孔子在“以人为本”的教育理念指导下，提出了两个著名的教育命题：一是富而后教；二是“性相近，习相远”。

子适卫，冉有仆。子曰：“庶矣哉！”冉有曰：“既庶矣，又何加焉？”曰：“富之。”曰：“既富矣，又何加焉？”曰：“教之。”[1]

［微视频］教育作用

孔子认为国家安稳必须具备三个条件：“庶”，意为充足的劳动力；“富”，意为使人民生活富裕；“教”，意为使人民受到教育。在广义上，“庶”泛指人口，“富”泛指经济，“教”泛指教育。从社会层面出发，孔子在经济与教育的关系上，主张先富后教，强调教育以人口和经济为基础；从个人层面出发，强调教育对人性发展的作用。

子曰：“道之以政，齐之以刑，民免而无耻；道之以德，齐之以礼，有耻且格。”[2]

孔子说，用政令来治理百姓，用刑法来整顿他们，老百姓只求能

（1） 朱熹：《四书章句集注·论语集注·子路》，中华书局 2011 年版，第 135 页。
（2） 朱熹：《四书章句集注·论语集注·为政》，中华书局 2011 年版，第 55 页。

免于受惩罚，却没有廉耻之心；用道德引导百姓，用礼制去同化他们，百姓不仅会有羞耻之心，而且会有归服之心。孔子认为道德教化比单纯的行政手段效果要更好。依靠严刑峻法，百姓只会免于刑法而无羞耻之心；而用道德去教化，百姓能从善如流，人心归服。显然，孔子认为要靠教育才能使老百姓心悦诚服地接受既有的政治秩序。

从国家层面来看，道德教育对国家的长治久安具有重要作用；那从人的角度，教育与人性有什么关联呢？在长达近 50 年诲人不倦的教学生涯中，孔子是如何思考教育与人性的关系的呢？他如何定义耻辱、恶行？又是如何教导学生认识“恶行”呢？

子张曰：“何谓四恶？”子曰：“不教而杀谓之虐；不戒视成谓之暴；慢令致期谓之贼；犹之与人也，出纳之吝，谓之有司。”[1]

孔子将“不教而杀、不戒视成、慢令致期、出纳之吝”视为四恶，并把“不教而杀”视为第一种恶；第二种恶是“不戒视成”，“不戒”即事先没有告诫、训示，不告诫便要求成功，这是暴；第三种恶是“慢令致期”，起先懈怠而突然限期完成，这就叫贼；第四种恶是出纳之吝，同样是给人财物，却出手吝啬，这叫小气。

孔子视“不教而杀”为四恶之首，折射出孔子非常注重道德教化，突出人的主体性。孔子“诲人不倦”的理论基础是“以人为本”。即在天地之间人是最尊贵的，不管是贵族还是平民百姓，人格都是平等的，

（1） 朱熹：《四书章句集注·论语集注·尧曰》，中华书局 2011 年版，第 181 页。

都应该受到教育，而为师者则要做到诲人不倦。

人性论是儒家教育思想重要的理论基础。孔子提出了“性相近，习相远”的人性观，充满着人性的光辉和教育的智慧。

［微视频］
教育与人性论

孔子谈论人性最具代表性的话就是：“性相近也，习相远也。”[1]，这里所谓的“性”为生性，意指人先天具有的自然本性；“习”为习性，意指后天获得的社会属性。从孔子的这两句话可以看出，孔子主张人与生俱来的自然本性是相差无几的，而后天发展出来的社会属性则差别甚大。人之所以会出现千差万别的特征，完全是由“习”造成的，也就是由人所处的生活环境和习俗导致的，特别是由不同形态的教育因素造成的。孔子本人虽未对人性的善恶做出明确判别，但若进行深入的思想探究，结合他的“仁者爱人”这一对人所抱有的人文关怀和乐观态度来讲，他将“仁”看作人的本质的“相近”之生性，应当是善的；而认为“相远”的习性，则充满有善有恶的可能性和必然性。孔子“人性论”这一“相近”“相远”之间折射出的性善表征，或隐或现于《论语》的字里行间。明、清之际的儒家学者王夫之在阐释《论语》的首章“学而时习之”等话语的义理时就明确地说道：“人性之善征矣。故以言征性善者，必及乎此而后得之。”[2]他认为孔子本质上是一位性善论者。姑且不论王夫之的解读是

（1） 朱熹：《四书章句集注·论语集注·阳货》，中华书局2011年版，第164页。

（2） 王夫之：《思问录·内篇》，中华书局2009年版，第3页。

否适切地概括出孔子的思想旨趣，但至少有一点是可以确定的，那就是“性相近，习相远”的思想含义深刻隽永，其不单单为孔子本人的教育思想打下了理论基础，而且开启了中国乃至人类教育史上从人的自身出发去探究教育何以可能和何以必要的思想先河，成为人人都有可能接受教育和都应当接受教育的理论依据。

“性相近，习相远”，作为孔子对人性认识的一个重要命题，开启了中国人性论的思想先河，奠定了中国传统教育思想发展的理论基础。在其后两千多年的中国传统社会当中，许多教育家、思想家在孔子的基础上提出了不同的人性论，如孟子的性善论，荀子的“性恶论”，董仲舒的“性三品”（圣人之性、中民之性、斗筲之性），宋代朱熹的“人性二元论”，等等。

[微视频]
言传身教

“诲人不倦”的教和学的要义精髓在于言教、身教。语言是连接教与学的桥梁。在教学过程中，为师者既有有言之教，又有无言之教。

有言之教是为师通过语言教学艺术去教育学生，即言教。

子曰：“可与言而不与之言，失人；不可与言而与之言，失言。知者不失人，亦不失言。”[1]

孔子认为可以同某人谈话却不与之交谈，就会错失人才。不该与某人谈话，结果同他交谈，就会失言。聪明的人既不会错失人才，也不会失言。孔子主张既不错失人才，也不失言。

（1） 朱熹：《四书章句集注 · 论语集注 · 卫灵公》，中华书局 2011 年版，第 153 页。

孔子在教学过程中不仅采用有言之教，也运用无言之教，无言之教强调通过榜样的作用，启发学生，即身教。

子曰："予欲无言。"子贡曰："子如不言，则小子何述焉？"子曰："天何言哉？四时行焉，百物生焉，天何言哉？"[1]

孔子从"无言之教"论及"无言之教"的重要意义。老天爷不说话，四季仍旧循环不已，百物生焉。显然，孔子强调为师者应该起榜样作用。

孔子主张把两者结合起来，在教学过程中，身教和言教应相辅相成。

"诲人不倦"的重要品质，贵在"不倦"。《论语·述而》记载了这么一则对话："互乡难与言，童子见，门人惑。子曰：'与其进也，不与其退也，唯何甚！人洁己以进，与其洁也，不保其往也。'"[2]孔子认为很难与互乡人谈话，但是互乡的童子受到了孔子的接见，学生们感到困惑不解。孔子说："我是肯定他的进步，而不是他的退步。既然他改正错误以求进步，我们就肯定他的进步，而不要抓住他的过去不放。"显然，孔子认为要做到诲人不倦，不应该过于追究一个人不好的过往，而是要肯定其进步并进行教育。

"倦"有两个方面的含义：一方面是生理；另一方面是心理。诲人不倦，即在生理上和心理上都应该做到不管是对谁，在何时何地，

（1） 朱熹：《四书章句集注·论语集注·阳货》，中华书局 2011 年版，第 168 页。
（2） 朱熹：《四书章句集注·论语集注·述而》，中华书局 2011 年版，第 96 页。

都愿意给予教育。司马迁的《史记·孔子世家》记载了孔子在陈国受难，遭受绝粮之苦，仍然讲诵、弦歌不绝，没有疲倦之意，这正是孔子诲人不倦的教育精神境界。

一视同仁

众所周知，孔子在一生的教学生涯中，不仅仅学而不厌、诲人不倦，还特别关注“一视同仁”的问题，强调为师者要平等对待学生。那么“一视同仁”源自哪里？它的基本含义是什么？从教育伦理学的角度，如何分析、把握其伦理精神？又如何指导教师处理师生关系问题呢？

“一视同仁”一词，出自韩愈。韩愈认为：“是故圣人一视而同仁，笃近而举远。”[1]“圣人一视同仁”的意思是贤良之人用平等的心态对待他人，“笃近”是指对亲近自己的人恭敬，“举远”是指对于疏远自己的人也同样看待。

（1） 韩愈：《韩愈全集》卷一，上海古籍出版社 1997 年版，第 124 页。

从“一视同仁”的出处来看，一视同仁的含义是无论关系亲疏还是远近，对人应同样看待，不分厚薄，同施仁爱。从词义的角度来看，“一”：一样、同样、同等；“视”：看待、对待；“同仁”：指同样施授仁德。随着时代发展，“同仁”产生很多引申义，比如说，“同仁”指同行仁德者，同行、同事或与自己相同处境的人。这里，“一视同仁”的意思是“对人同样对待，同样施授仁德”。

从根本上来说，“仁”的本义是仁者爱人。这在孔子的思想中是很宝贵的。因为孔子的祖先是宋国的贵族，没落后，流落到鲁国。孔子早年丧父（据司马迁记载，孔子三岁丧父），由母亲颜氏抚养长大，因家境贫寒，故孔子年少懂事，外出赚钱赡养母亲，也因此孔子有机会接触下层社会，了解下层民众的疾苦。这都为孔子提出“仁者爱人”的教育思想奠定了基础。结合教育历史的发展来看，在孔子之前，教育是学术官守，学术文化被贵族阶层所垄断、所控制。贫民子弟是没有什么机会接受教育的。孔子在中国历史上第一次大规模地开办私学，根据“有教无类”的办学方针，不论贫富贵贱、种族等，都给予教育。“一视同仁”的基本含义是指平等地对待每一个人。

孔子提倡一视同仁，我们对此从教育伦理学的角度去探究其中的教育智慧，离不开对师生关系的探讨。所谓伦理就是指人与人之间的关系。教育要特别处理好师生之间的关系。而“一视同仁”的本质就是如何处理师生关系。从为师之道这个层面，“一视同仁”蕴含的伦理精神要义、精髓是教师公正，即教师公平、公正地对待学生，关爱学生。“一视同仁”蕴含两个方面的内涵：一是公正；二是师爱。

下面我们通过品读《论语》当中经典的教育叙事，具体品绎“一视同仁”到底有哪些智慧。从教育目的、教育过程以及教育效果的角度剖析：孔子是如何做到“一视同仁”的？又是如何评价学生的以及怎样展现他“一视同仁”的教育品质的？作为为师者的一项基本道德要求，“一视同仁”的伦理精神要义是什么？

在“同仁”中，最核心的字是“仁”。据杨伯峻的统计，“仁”在《论语》中出现了109次。而对于“仁”，孔子并没有对其下定义。孔子根据不同学生的发问，给出的答案往往也是因人而异的。比如，颜回问“仁”，孔子答以“克己复礼为仁”；樊迟问“仁”，孔子答以“爱人”。

樊迟问仁。子曰：“爱人。”问知。子曰：“知人。”樊迟未达。子曰：“举直错诸枉，能使枉者直。”樊迟退，见子夏。曰：“乡也吾见于夫子而问知，子曰，‘举直错诸枉，能使枉者直’，何谓也？”子夏曰：“富哉言乎！舜有天下，选于众，举皋陶，不仁者远矣。汤有天下，选于众，举伊尹，不仁者远矣。”(1)

樊迟向孔子请教什么是仁德，孔子回答说：爱人、关爱别人。樊迟似乎还不是太明白，继续追问孔子什么是“知”，孔子说“知人”。樊迟没有完全弄懂，孔子进一步解释：“举直错诸枉，能使枉者直。”樊迟还是不太明白，他从孔子门庭退出来，看见子夏。樊迟问子夏：

(1) 朱熹：《四书章句集注·论语集注·颜渊》，中华书局2011年版，第131—132页。

“举直错诸枉，能使枉者直，何谓也？”子夏曰：“富哉言乎！舜有天下，选于众，举皋陶，不仁者远矣。汤有天下，选于众，举伊尹，不仁者远矣。”[1]子夏认为，如果领导者能够使贤良之人、德才兼备之人被推荐出来，居于贤者之下，像皋陶、伊尹，那么就可以使邪恶之人改邪归正，向贤者学习。这与韩愈提出的“笃近举远”寓意相近。

那孔子又是如何看待“关爱学生”的呢？

子曰：“爱之，能勿劳乎？忠焉，能勿诲乎？”[2]

这里的关键词是“爱”和“诲”。孔子的意思是说：“关爱学生，能不为学生付出操劳吗？我忠于学生，能不为学生尽心教诲吗？”他用强烈的两句反诘句来表达，比用陈述句更加有力量。《论语》的这种语言魅力，不言而喻。品读《论语》，不仅仅要习得其中的教育精神、教育智慧。还要学习其语言美。

[微视频]
关爱学生

孔子在教育上如何对待自己的儿子呢？《论语·季氏》篇记载：

陈亢问于伯鱼曰：“子亦有异闻乎？”对曰：“未也。尝独立，鲤趋而过庭。曰：‘学《诗》乎？’对曰：‘未也。’‘不学《诗》，无以言。’鲤退而学《诗》。他日又独立，鲤趋而过庭。曰：‘学礼乎？’对曰：‘未也。’‘不学礼，无以立。’鲤退而学礼。闻斯二者。”陈亢退而喜曰：“问一得三，闻

(1) 朱熹：《四书章句集注·论语集注·颜渊》，中华书局 2011 年版，第 132 页。
(2) 朱熹：《四书章句集注·论语集注·宪问》，中华书局 2011 年版，第 141 页。

《诗》，闻礼，又闻君子之远其子也。”[1]

孔子的儿子孔鲤，名鲤，字伯鱼。从这则对话中可知，孔子对自己的儿子是没有偏爱的，他对待自己的儿子与对待自己的弟子一样。在孔子眼中所有的弟子都是他的关爱对象。他爱自己的学生就像爱自己的孩子一样，没有亲疏厚薄之分。从教育目的的角度讲，孔子非常关爱学生，希望学生学有所成，努力成为德才兼备的君子，以实现修身齐家、天下有道的社会理想。孔子的教育目的是培养君子，他满腔热忱，对学生寄予无限希望。他说：“后生可畏，焉知来者之不如今也？”[2]在孔子看来，学生是教育事业的所在。每一个为师者对待学生都应该一视同仁。孔子用他“一视同仁”的教育胸怀培养出三千弟子，七十二贤人，显然，在处理师生关系的问题上，“一视同仁”的作用是不言而喻的。

［微视频］父子关系

“一视同仁”的核心要素是如何关爱学生，进而实现教育公正。“一视同仁”除了可以从教育伦理学以及教育目的的角度去剖析其智慧，还可以从理论上拓展其为师之道，具体有以下三点。

第一，泛爱是“一视同仁”的情感保证。泛爱就是为师者对学生要有同样的爱心，平等对待每一个学生。“泛爱众而亲仁。”[3]即老师

［微视频］情感认同

（1） 朱熹：《四书章句集注·论语集注·季氏》，中华书局2011年版，第162页。
（2） 朱熹：《四书章句集注·论语集注·子罕》，中华书局2011年版，第109页。
（3） 朱熹：《四书章句集注·论语集注·学而》，中华书局2011年版，第51页。

只有拥有泛爱之心，才能够在情感上得到学生的认同，给学生提供情感保证，进而实现教育公正的诉求。

第二，**师爱是“一视同仁”的表现形式。**为师者对学生一视同仁，具体表现在如何表达师爱上。**老师平等地关爱每一个学生，尽心尽力地教书育人，学生大多能够感同身受，能够体会到老师辛勤付出的劳动，自然而然地接受老师的教诲。**不仅如此，学生还能够心悦诚服，自愿地接受、认同老师的所言所行。因此，老师的关爱很重要。

“一视同仁”表现出来的师爱对学生的成长具有重要影响。其积极影响可分为三点：一是师爱是师生良性互动的情感支持；二是师爱是学生形成自尊、自爱之心的动力；三是师爱是学生自主学习能力形成的源泉。

首先，师爱是师生良性互动的情感支持。师爱之所以是师生良性互动的情感支持，因为**师爱的特质在于甘于奉献，不计回报，它是一种情感与心灵的沟通。**学生若认同了，那么老师便可以更好地引导学生；学生向老师敞开心扉，便于老师了解学生，进而因材施教。

处理师生关系要讲情理，动之以情，晓之以理。为师者只有在与学生沟通的过程中动之以情、晓之以理，才会产生一种情感效应，达到比较好的教学效果。

其次，师爱是学生形成自尊、自爱之心的动力。青少年时期的学生大部分处于叛逆期，独立意识和自我意识日益增强，迫切希望摆脱父母的监护。在这期间，学生容易受到外界不好的影响而染上不好的习性，甚至走上违法犯罪的道路。在这期间，老师如果能客观公正地对待每一个学生，给予学生正确的引导，特别是用心去关爱学生，就能促使学生成为一个自尊、自爱、自强的人。

最后，师爱是学生自主学习能力形成的源泉。古今中外，只要老师能够尊重学生，让学生体验到一种受尊重、受重视的感觉，学生的学习积极性就会被调动起来。因此，老师要以身作则，身正为范。这样，学生才会主动去求知，化外在为内在，化知识为力量，增强自主学习能力，进一步开展自我教育，形成一种良好的自我学习能力。

孔子为师之道里面的教育智慧给了我们一些启迪。要实现师生和谐相处，融洽地沟通，彼此认同，关键就在于要让学生感到老师的关爱，感到自己受到重视，得到了客观、公正的对待。因此，爱在“一视同仁”里面是很重要的。

第三，偏爱是实现“一视同仁”的障碍。在教学过程中，每个学生都希望能够得到老师平等的爱，但是在现实中一个老师无法保证都能客观、公正地对待每个学生。老师个人的好恶也会造成对学生的偏爱，以至于阻碍“一视同仁”的实现。若老师偏爱学生，就会不利于教育公正的实现。如在平时课堂教学中，老师只关注坐在前排的学生或者学习成绩好的学生，而忽视坐在后排或者成绩比较差的学生。更严重者，分重点班、普通班。这些偏爱的行为都阻碍了“一视同仁”的实现，进而阻碍了教育公平的实现。

其实，在实际的教育教学过程当中，老师经意或不经意的偏爱，

很容易被学生觉察到，特别是一些敏感的学生，他们对老师偏爱谁，不偏爱谁，都心知肚明。老师的这种偏爱，势必会给学生留下心理暗示，而这种暗示会使缺乏关爱的学生产生一些负面情绪，甚至厌学、逃学。而有些被老师格外关注的学生，在教师的过度关爱下会形成自负、自傲、自满等不良性格，长此以往，不利于将来的成长与发展。

总而言之，为师者若对学生产生偏爱，势必会影响学生的成长与发展。因此，“一视同仁”强调平等对待每个学生，不厚此薄彼。

相知相契

“一视同仁”是孔子处理师生关系的准则，那落实到具体的教育情境中，孔子与学生的关系如何呢？用四个字概括，便是相知相契。相知相契是指孔门师生基于共同的人道信仰，彼此之间相互了解、相互默契而达到的一种相交笃厚的情感以及境界。

孔子在鲁国因为和当时的主要执政者季氏家族政见不合，被迫离开鲁国，周游列国长达 14 年，足迹遍及了卫、陈、蔡、郑等国。在此期间，弟子们伴随左右，而孔子和他的弟子们相知相契，积极倡导、推行仁义精神，坚守理想，始终怀着乐观向上的精神。孔子的弟子们深信天降以夫子为木铎，无怨无悔，患难与共，不离不弃，常伴左右，与孔子一起共度时光，令人佩服不已。可以说，孔门师生之间的关系的确是相知相契、情深谊长。如何体会孔子与弟子们相知相契呢？我们可以看看《论语》中有关的语境。

颜渊死，子曰“噫！天丧予！天丧予！”[1]

颜渊死，子哭之恸。从者曰：“子恸矣。”曰：“有恸乎？非夫人之为恸而谁为！”[2]

孔子三千弟子中，颜回当之无愧是孔子最得意的学生，面对颜回英年早逝，孔子悲痛欲绝，感慨万千。可想而知，孔子与颜回之间的师生感情是多么深厚！

我们再看一个弟子冉耕的事例。冉耕，字伯牛。冉伯牛得了传染病，孔子也是感慨万千，百感交集。说道：“亡之，命矣夫！斯人也而有斯疾也！斯人也而有斯疾也！”[3]饱含了孔子以学生之忧而忧的心情。

从孔子与其弟子的事例中可知，孔子跟学生相交笃厚，因失弟子而悲，以弟子之忧而忧。而孔子逝世之后，其弟子在墓地旁边结庐而居守孝，更有甚者，守孝长达六年，如子贡，以此

[微视频]
师生交往

（1） 朱熹：《四书章句集注·论语集注·先进》，中华书局 2011 年版，第 119 页。
（2） 朱熹：《四书章句集注·论语集注·先进》，中华书局 2011 年版，第 119 页。
（3） 朱熹：《四书章句集注·论语集注·雍也》，中华书局 2011 年版，第 84 页。

来表达对老师的敬意和怀念。可见孔子和学生的感情是十分深厚的。

孔子与其弟子相交笃厚，师生之间相知相契。孔子是如何达到这种相知相契的呢？通过哪些方法达到？

通过对《论语》反复涵咏，仔细揣摩，会发现孔子在日常的生活和教育实践中，非常了解学生的实际情况，如孔子评价颜回和端木赐："回也闻一以知十，赐也闻一以知二。"[(1)]可见，孔子对学生是知根知底的。若要对学生了如指掌，孔子是通过哪些方法呢？一种是观察法，另外一种是谈话法。

观察法是孔子有意识地、主动地了解学生的一种方法。孔子通过观察学生的言谈举止去洞察学生内在的心灵世界。"听其言而观其行"[(2)]是孔子把学生的语言表达和行动表现综合起来分析，以利于全面了解一个学生。

子曰："始吾于人也，听其言而信其行；今吾于人也，听其言而观其行。于予与改是。"[(3)]

孔子说，以前我对弟子的态度是，只要听到他说的话，便相信他的行为；如今我对人的态度是，听到他说的话，还要考察他的行为才能相信。从宰予这个弟子的身上，让我改掉了顾言轻行、偏听偏信、看人片面的弊病。即孔子强调要评价一个人不能仅仅听他所说，更重

(1) 朱熹:《四书章句集注·论语集注·公冶长》，中华书局 2011 年版，第 76 页。
(2) 朱熹:《四书章句集注·论语集注·公冶长》，中华书局 2011 年版，第 77 页。
(3) 朱熹:《四书章句集注·论语集注·公冶长》，中华书局 2011 年版，第 76—77 页。

要的是要看他的行动。正是因为孔子对每个学生都能够做到“听其言而信其行”，才能做到因材施教，使不同类型、不同特点的学生都能够茁壮成长。

子曰：“视其所以，观其所由，察其所安。”[1]

孔子这三句话的要义是什么呢？其要义是要从人们的行为当中去认识、分析、评价一个人，体现在师生关系当中，老师要从知和行来考察学生。这三句话，各有侧重。视其所以，侧重考察学生行为的动机；观其所由，侧重考察学生行为的途径；察其所安，侧重考察学生行为的结果。将这三者综合起来，能比较全面地去认识和评价一个人。

“视其所以，观其所由，察其所安。”是孔子提出的很好的观察法，时至今日，仍然有借鉴价值，值得我们不断地去总结、探讨和在实践中加以运用。

正是因为孔子善于观察学生，才能够和学生们相处得很愉快，达到相知相契的境界，这具体体现在孔子对学生的评价中。

[微视频]
观察法

《论语》中记载了孔子对学生的评价，如“柴也愚，参也鲁，师也辟，由也喭”[2]。仅用一个字就高度概括了弟子们的性格特征，可见，孔子对弟子们是十分了解的。要达到这种程度，必然离不开孔子

[微视频]
弟子评价

（1） 朱熹：《四书章句集注·论语集注·为政》，中华书局 2011 年版，第 57—58 页。
（2） 朱熹：《四书章句集注·论语集注·先进》，中华书局 2011 年版，第 120—121 页。

对弟子们的观察。

闵子侍侧，訚訚如也；子路，行行如也；冉有、子贡，侃侃如也。子乐。“若由也，不得其死然。”(1)意思为：闵子骞在孔子的旁边侍奉，恭敬正直的样子；子路，刚强的样子；冉有、子贡，和乐的样子。弟子各尽其性，孔子很高兴，调侃说：像仲由这样子，将来恐怕不得好死啊！

由此可知，孔子很善于观察学生，对不同学生的行为特征记忆犹新。这也折射出孔子在日常的生活、学习中，善于从不同侧面、不同场合、不同情境对学生的个性品质、才能倾向和理想抱负进行细致而全面的了解。这为有针对性地进行教学打下了一个牢固可靠的基础。我们说交朋友有一定的原则，对交友，孔子有几句话是非常有名的。孔子认为有益的朋友有三种，有害的朋友也有三种。孔子曰：“益者三友，损者三友。友直，友谅，友多闻，益矣。”(2)友直，正直的朋友；友谅，诚信的朋友；友多闻，见识广博的朋友。孔子认为交朋友应交正直诚信、见多识广的朋友，除此之外，还要回避三种人。“友便辟，友善柔，友便佞，损矣。”(3)也就是说，不要去交结那些谄媚、阿谀奉承之人，花言巧语之人，便佞之人。这三种人不是真正的朋友，表面上看是朋友，实际上是有害的。换言之，孔子主张交一些有益的朋友，而不要去交那些损人利己的损友。

(1) 朱熹：《四书章句集注·论语集注·先进》，中华书局2011年版，第119页。
(2) 朱熹：《四书章句集注·论语集注·季氏》，中华书局2011年版，第160页。
(3) 朱熹：《四书章句集注·论语集注·季氏》，中华书局2011年版，第160页。

以上是孔子运用观察法的教学案例，除此之外，孔子亦在教学中运用谈话法。谈话法跟观察法是有区别的，下面具体来分析孔子和学生是怎么谈话的。

颜渊、季路侍。子曰："盍各言尔志？"子路曰："愿车马、衣轻裘，与朋友共。敝之而无憾。"颜渊曰："愿无伐善，无施劳。"子路曰："愿闻子之志。"子曰："老者安之，朋友信之，少者怀之。"(1)

孔子让子路和颜回谈谈各自的志向，子路说："我愿意把我的车马、昂贵的皮袍，拿出来跟朋友共享，即使朋友用坏了也无丝毫抱怨。"颜渊说："不夸耀自己的长处，不彰显自己的功绩。"孔子说："让所有年老之人有好的归宿，让朋友之间能够彼此信任，让适龄的儿童能够得到良好的教育。"

通过这则对话，可以看出孔门弟子在老师面前有什么问题都当面说，无拘无束，自由自在，抒发感情，袒露心声，从中折射出孔门师生关系是非常融洽的。而孔子在谈话中，了解了学生的志向。可见，通过深入的师生谈话，可以相互理解，增进彼此之间的契合程度。

谈话法是老师按照一定的教学要求，向学生提出问题，借以获得新知识、巩固旧知识或检查知识的教学方法。谈话法的基本要求有四点：一是谈话要把握好时机；二是问题要明确；三是问题要有启发性；四是善于总结与评价。从这四个方面去把

(1) 朱熹：《四书章句集注·论语集注·雍也》，中华书局 2011 年版，第 80—81 页。

握孔子谈话法的要义，在品读《论语》时，会获得更多的智慧启发。

下面结合《论语》中具体的文献材料，领会孔子谈话法的教育智慧。

[微视频]
谈话实例

子路、曾皙、冉有、公西华侍坐。子曰："以吾一日长乎尔，毋吾以也。居则曰：'不吾知也！'如或知尔，则何以哉？"子路率尔而对曰："千乘之国，摄乎大国之间，加之以师旅，因之以饥馑；由也为之，比及三年，可使有勇，且知方也。"夫子哂之。"求！尔何如？"对曰："方六七十，如五六十，求也为之，比及三年，可使足民。如其礼乐，以俟君子。""赤！尔何如？"对曰："非曰能之，愿学焉。宗庙之事，如会同，端章甫，愿为小相焉。""点！尔何如？"鼓瑟希，铿尔，舍瑟而作。对曰："异乎三子者之撰。"子曰："何伤乎？亦各言其志也。"曰："莫春者，春服既成。冠者五六人，童子六七人，浴乎沂，风乎舞雩，咏而归。"夫子喟然叹曰："吾与点也！"三子者出，曾皙后。曾皙曰："夫三子者之言何如？"子曰："亦各言其志也已矣。"曰："夫子何哂由也？"曰："为国以礼，其言不让，是故哂之。""唯求则非邦也与？""安见方六七十如五六十而非邦也者？""唯赤则非邦也与？""宗庙会同，非诸侯而何？赤也为之小，孰能为之大？"(1)

子路、曾皙、冉有、公西华陪着孔子坐着。孔子说："因为我比你们都年长，不要因为我年长而不敢说。你们平常说：'人家不知道我

(1) 朱熹：《四书章句集注·论语集注·先进》，中华书局 2011 年版，第 123—124 页。

呀！’假如有人了解你们，你们怎么办？”子路率先回答说：“一千辆兵车的国家，面临大国的逼迫，外国有军队侵略它，加上国内又闹灾荒。我如果去治理，三年后，可使人人有勇气，而且懂得礼仪。”孔子讥笑子路。又问：“冉有，你的志向是什么？”冉有回答说：“国土纵横各六七十里或五六十里的小国家，我去治理，等到三年，可使人民富足。至于礼乐教化，那就只能等待君子了。”又问：“公西华，你怎么样？”公西华回答说：“我不一定能够做到，但是我愿意学习，宗庙祭祀的事，以及外国盟会，我愿意穿着礼服，戴着礼帽，做一个小司仪。”孔子问：“曾皙，你怎么样？”曾皙在鼓琴，听老师叫他，拨弄琴弦的声音变得稀疏起来，停止了弹奏，恭敬地站起来，回答说：“我的志向和他们三位不同。”孔子说：“那有什么妨碍呢？只不过是各自谈谈自己的志向罢了。”曾皙说：“暮春三月，穿好春天的服装，我同五六个成年人，六七个小孩，在沂水旁边畅游一番，然后在舞雩台吹吹风，一路唱歌返回。”孔子长赞叹道：“我赞同曾皙的人生理想。”子路、冉有、公西华三人都出来了，曾皙后走。曾皙问道：“那三位同学的志向，您怎么看？”孔子说：“也不过是各自谈谈自己的志向罢了！”曾皙问：“您为什么要讥笑子路？”孔子说：“治理国家应该讲求礼让，子路的话一点也不谦虚，所以我讥笑子路。”“难道冉有所讲的不就是国家吗？”“哪有六七十里或五六十里而不是国家的。公西华所讲的，难道没有涉及治国安邦之事吗？”“有宗庙、外国盟会，不是国家是什么？”“公西华，是十分懂得礼仪的人，他说他只能学着做一个小司仪，那么谁来做大司仪呢？”

[微视频]
吾与点也

子路、曾皙、冉有、公西华四人侍坐于孔子，孔子要他们谈谈自己的志向，弟子们谈完自己的志向后，孔子进行了适当的评价与总结。这是孔子将谈话法的要义贯穿其中的典型教学片段，彰显出孔子与弟子们相互了解、默契而达到相知相契的境界。

立德树人

立德树人是孔子毕生追求的教育目标。孔子强调说："德之不修，学之不讲，闻义不能徙，不善不能改，是吾忧也。"[1]意思是，品德不培养，学问不讲习，知道了道义，却不能按照道义的要求去做，有了缺点不能改正，这是我一生的忧虑所在。

再看另一句话：子曰："为政以德，譬如北辰，居其所而众星共之。"[2]

用道德来治理国家政事，就像北极星一样，安居在自己的位置上，其他众多星星都会环绕在北极星的周围。

无论对于个人修养还是国家治理，道德都是至关重要的。那么落

(1) 朱熹：《四书章句集注·论语集注·述而》，中华书局 2011 年版，第 90—91 页。
(2) 朱熹：《四书章句集注·论语集注·为政》，中华书局 2011 年版，第 55 页。

实到教育层面，什么叫作立德树人呢？

所谓立德树人指教师运用各种有效手段和方式去培养具有崇高思想品德和高素质的人。在孔子看来，为师者最重要的职责就在于立德树人。

［微视频］
“立德树人”的含义

孔子立德树人的教育智慧被历代儒家学者所继承和发展，如唐代著名教育思想家韩愈，在其著作《师说》中明确了教师的基本任务：传道、授业、解惑。韩愈认为，教师最重要的任务是传道，传播儒家的文化理想、道德要求。应该说，以韩愈为代表的师道观准确地把握了孔子立德树人的教育智慧。

如果要系统地品绎孔子立德树人的教育智慧，则需多维度去品绎“立德树人”背后深刻的思想内涵。

首先，从教育价值功能层面认知教育的本质是什么。其次，探究孔子所立何德，他要立的是什么德行，具体有哪些道德要求和道德规则要求。最后，通过品读《论语》，品读孔子所树何人。换句话说，就是孔子主张和培养的理想人格是什么？就是君子人格。后面我们会给大家介绍一下君子人格的特点。我们从教育的本质、所立何德、所树何人这三个维度去探究孔子“立德树人”的教育智慧。

首先，教育的本质是什么？立德树人关乎对教育本质的理解。从教育价值功能的角度去分析，孔子认为教育的本质是旨在培养人的道德品质和人的道德行为能力的一种实践活动。

［微视频］
德育本质

孔子特别强调道德能力的形成，尤其强调道德实践，而不仅仅停留在道德理论层面。在古代，人们的关注点在于如何处理好人与人、人与万物之间的关系，尤其是儒家学者，他们思想的重心在于强调伦理问题，即人和人之间关系的问题。

孔子毕生所学所教，一言以蔽之，便是“道”。我们现在通常讲道德教育，其中，道德是一个合成词，而在儒家的教育经典中，“道”和“德”是分开用的，其内涵也是不一样的。要理解和把握孔子的“立德树人”的教育思想，前提是明白孔子的“道”，不然则难以理解孔子的“德”是何意。

那“道”和“德”之间是什么关系呢？其实“道”和“德”两者是相辅相成、相互促进的。从理论上来讲，它是形而上的关系和形而下的关系。

［微视频］孔子之“道”

在《论语》中，多处记录了孔子对“道”的表述，如：“朝闻道，夕死可矣”[1]“士志于道。”[2]“子曰：‘参乎！吾道一以贯之。’”[3]“笃信好学，守死善道。”[4]“人能弘道，非道弘人。”[5]“志于道，据于德，依于仁，游于艺。”[6]等等。

（1） 朱熹：《四书章句集注·论语集注·里仁》，中华书局 2011 年版，第 70 页。
（2） 朱熹：《四书章句集注·论语集注·里仁》，中华书局 2011 年版，第 70 页。
（3） 朱熹：《四书章句集注·论语集注·里仁》，中华书局 2011 年版，第 71 页。
（4） 朱熹：《四书章句集注·论语集注·泰伯》，中华书局 2011 年版，第 101 页。
（5） 朱熹：《四书章句集注·论语集注·卫灵公》，中华书局 2011 年版，第 156 页。
（6） 朱熹：《四书章句集注·论语集注·述而》，中华书局 2011 年版，第 91 页。

综合孔子所谓的“道”，其内涵有以下几点：

第一，道义、道理、真理，如：“朝闻道，夕死可矣。”[1]“士志于道，而耻恶衣恶食者，未足与议也。”[2]第二，门径、路径，如：“谁能出不由户，何莫由斯道也？”[3]第三，思想、学说、观念，如：“子曰：‘参乎！吾道一以贯之。’曾子曰：‘唯。’子出，门人问曰：‘何谓也？’曾子曰：‘夫子之道，忠恕而已矣。’”[4]“吾道”中“道”即是指孔子的学说、思想。

在充分了解孔子所言之“道”内涵的基础上，进一步理解“立德树人”中“立德”的内涵，在《论语》的不同语境当中所涉及的“道”字，有层次的差异，有方法的不同，但是孔子所说的“道”，更多的与“德”息息相关。换言之，孔子所言“道”和“德”的思想，始终关联着“立德树人”。“传道”和“立德”这一教育品格，正是孔子毕生倾注于教育思想的传神写照。

[微视频]
孔子之“德”

孔子所立何德的内容是什么？孔子建立的德目即道德规则、道德规范，有什么具体的表述？它是怎么建构的？孔子认为立德包括以下几个方面：首先，立德，即追求崇高的道德理想，完善自己的理想人格，具备高级的道德品质。**在孔子的思想体系中，他所言之**

（1） 朱熹：《四书章句集注·论语集注·里仁》，中华书局2011年版，第70页。
（2） 朱熹：《四书章句集注·论语集注·里仁》，中华书局2011年版，第70页。
（3） 朱熹：《四书章句集注·论语集注·雍也》，中华书局2011年版，第86页。
（4） 朱熹：《四书章句集注·论语集注·里仁》，中华书局2011年版，第71页。

"道"，是一个形而上的概念，"德"是一个形而下的概念。它指向的是孔子对道德规范、社会行为规范的认可和推行。"道"是统摄一切的，其原理的核心结构是"仁—义—礼"。而"德"，亦即现在汉语的"道德"之意，即对"礼"的一种社会规范的内在认同。"道"与"仁""义""礼"三者之间的关系见下表。

道			
仁（仁爱精神）	义（正义原则）	礼（社会规范）	
		温、良、恭、俭、让、忠、孝、信、敏、惠…… （外在规范）	德（道德） （内在认同）

"仁""义""礼"作为三大道德范畴，三者之间既是相辅相成的，也是互有区别的。

"仁"，即仁爱精神、仁爱境界；"义"，即道德正义；"礼"，即社会道德规范。关于"德"与"道"之间的关系，孔子说："志于道，据于德。""德"需要认知去体会、把握"道"，所以道德和伦理是不一样的，道德主要是指现实社会中具体的道德规范，强调内在认同，而不是外在认同。

若从思想史的角度来看，孔子思想比较质朴，没有涉及太多的形而上、本体论的思考，但这个思想特性给儒家教育思想的发展奠定了基础，特别是宋明理学，其更加理论化、思辨化、哲学化、抽象化。将"德"形而上学化，形成"德性——德目"的模式，即"形上—形下"

的模式。所谓“德性”是指至善的人性，它既是相对的主体性，即人的先天或先验的本性；又是决定的主体性，即宇宙的本体、形而上者。这种本性是从“天”那里“得”来的，即《中庸》所谓“天命之谓性”，故称“德性”（德者，得也）。所谓“德目”是指道德条目的简称，即社会的具体条款。它们是德性在形而下的层级上的具体表现。这种“德性—德目”的架构也是典型的“形上—形下”的模式，但未必是孔子的思想范式。

哲学是不断发展的，宋明理学则是接着孔子的思想往下说，最初原始形态的先秦儒学，比较质朴。而宋明理学偏向哲学体系化，尽管如此，其思路也有助于更好地理解孔子立德树人所蕴含的教育智慧。

孔子所谓的德有何内涵？从知礼、好礼的角度去认识孔子所谓“德”的道德内涵。孔子之“德”的道德含义是“知礼—好礼”。德的对象是指仁、义、礼。孔子常提到“德”，但仍然没有对“德”进行逻辑定义。历代学者对“德”进行了不同的解释，有些解读亦有可取之处。如“在心为德，施之为行”，其中“在心为德”中“德”是心中对行为规范的内在认同；“施之为行”意味着“德”关乎行为规范。

子曰：“道之以政，齐之以刑，民免而无耻；道之以德，齐之以礼，有耻且格。”[1]

（1） 朱熹：《四书章句集注·论语集注·为政》，中华书局 2011 年版，第 55 页。

宋代汉学家邢昺疏解："德，谓道德；格，正也。言君上化民，必以道德；民或未从化，则制礼以齐整，使民知有礼则安，失礼则耻。"[1]显然，这里的"德"不是"道德"之意，而是对孔子所言"德"的解释，即德，格，正也，是对行为的一种匡正，显然是指行为规范，这是"齐之以礼"，即建构社会规范。

孔子将"德"和"政"相举而言，而与"礼"相提并论。"政"指行政治理，相对臣民而言，对于国君来说是外在的；而"德"对于国君而言是内在的。即"德"是内在的，"礼"（社会规范）是外在的。在孔子看来，道德是对外在社会规范的一种内在认同。

理学家朱熹对此解释道："德之为言得也，得于心而不失也。"朱熹把"德"解释为"获得"。若将社会规范转化成道德认同，显然也是一种获得。

道德的内在含义，从孔子思想本身来讲，道德即知礼且好礼，是由知礼到好礼的过程。孔子所说的"德"尽管与"礼"在同一层面，即形而下的概念，但"德"并不等同于"礼"。"礼"是外在的社会规范，而"德"是对社会规范的内在认同。这两者恰好对应了孔子的"知礼"和"好礼"。

所谓"知礼"是指认识和把握、遵守外在的社会规范。子曰："由！知德者鲜矣。"[2]"子入大庙，每事问。或曰：'孰谓鄹人之子知

（1） 邢昺：《论语注疏》，北京大学出版社1999年版，第15页。

（2） 朱熹：《四书章句集注·论语集注·卫灵公》，中华书局2011年版，第152页。

礼乎？入大庙，每事问。’子闻之曰：‘是礼也。’”[1]“知礼，是礼也。”要懂得认识和把握“礼”，因为不懂得遵守礼的要求，将来很难在社会上立足，即“不知礼，无以立”。

所谓“好礼”是指对社会规范不仅要自觉遵守，而且要发自内心地认同。

子贡曰：“贫而无谄，富而无骄，何如？”子曰：“可也。未若贫而乐，富而好礼者也。”[2]

“上好礼，则民莫敢不敬”[3]，“上好礼，则民易使也。”[4]

在孔子看来，这样的“好礼”也就意味“好德”。

前面我们简单地说了一下德性问题，下面我们再讲一下道德条目，即“德目”究竟何意？

“德目”即道德条目，也就是指社会道德规范的条款，换言之，即“礼”的具体内容。道德条目是指社会规范的具体条款，涉及范围十分广泛。下面具体通过品读《论语》中的章句来加以概括分析。

子曰：“居处恭，执事敬，与人忠。虽之夷狄，不可弃也。”[5]

孔子谈到了“恭”“敬”“忠”三种待人接物、为人处世的道德要求。在家要庄重，办事要严肃认真，待人要忠心诚意。除此之外，孔子认为：“能

(1) 朱熹：《四书章句集注·论语集注·八佾》，中华书局 2011 年版，第 65 页。
(2) 朱熹：《四书章句集注·论语集注·学而》，中华书局 2011 年版，第 54 页。
(3) 朱熹：《四书章句集注·论语集注·子路》，中华书局 2011 年版，第 134 页。
(4) 朱熹：《四书章句集注·论语集注·宪问》，中华书局 2011 年版，第 149 页。
(5) 朱熹：《四书章句集注·论语集注·子路》，中华书局 2011 年版，第 137 页。

行五者于天下，为仁矣。”能够具备“恭、宽、信、敏、惠”五种美德，才算是仁。在孔子看来，“忠”“信”“敬”“敏”“惠”“温”“良”“恭”“俭”，等等，这些都属于社会规范的德目，且不等同于“仁”“义”“礼”道德范畴。因为它们分别涉及具体与抽象的道德规范，“仁”“义”“礼”属于更上一级的道德规范，不属于具体的德目。

总而言之，孔子的所立之德，以知礼、好礼形成一系列价值导向。所以以仁义礼智，孝悌忠信，守死善道，克己复礼，杀身成仁，见德思义，以直报怨，以德报德，见义勇为，见贤思齐，君子固穷，安贫乐道，刚健弘毅，自强不息，己所不欲、勿施于人，己立立人，己达达人，和而不同，从容忠道，毋义毋必，毋故毋我，讷言敏行，闻过则迁，闻过则喜，发奋忘忧，博学笃志，切问近思，学而不厌，诲人不倦等伦理德目为代表的儒家伦理思想对于中国传统社会产生了直接而重大的影响，其不少由此积淀而成为中华民族的传统美德。

孔子之德的建构原理：志道、据德、依仁、游艺。孔子说：“志于道，据于德，依于仁，游于艺。”[1]目标在“道”，根据在“德”，依靠在“仁”，游习于礼、乐、射、御、书、数“六艺”的范围之中，这是孔子关于君子理想人格的设定和塑造。孔子主张道德的培养要建立在礼、信的认识基础上，树立起高度的自觉性。要求学者将客观的道、内在的德，以及外在的礼仪与人的主观认知活动密

（1） 朱熹：《四书章句集注·论语集注·述而》，中华书局 2011 年版，第 91 页。

切结合起来，才可以塑造君子的理想人格。孔子认为德教（道德教育）涉及两个方面的含义：一方面是道德规范的知识传授，另一方面是以规范约束外部行为，使之与道德要求相符合。但是实际上，在个体德性形成过程中，外在的德教并不能够保证学生据德而行。因此孔子强调外在的“德教”无法保证德育的预设价值能够完全在学生身上得以落实。为了解决化知识为德性以及化德性为德行的难题，孔子强调外在的“德教”目的实现，必须通过个人的道德修养实践。

析而言之，孔子“志于道，据于德，依于仁，游于艺”的目的在于启发人内心的自觉，实现德教和修身的合一。因为在他看来，德教是外在的道德规范对人的道德教育的影响，而修身是指主体凭借道德理性的自觉进行自我品行的陶冶。这就把德教和修身过程相互结合，自觉地把道德认识和道德行动融为一体，进而成就和展现理想人格的魅力。

孔子所树何人？当然是君子。君子是孔子教育所设定的比较实在的人格理想。君子这种人格的养成，并不是一蹴而就的，更不是与生俱来的。要成为君子，必须接受教育，而教育不仅包括内在精神的修养，还包括文艺素质的涵养。

“君子”一词，常见于先秦典籍。如：“君子终日乾乾，夕惕若，励无咎。”（《周易·乾》）；“窈窕淑女，君子好逑。”（《诗经·周南·关雎》）“君子在野，小人在位。”（《尚书·虞书·大禹谟》）。“君子”一词不是孔子原创，但他给原有的君子人格注入了更多的伦理道德的含义。在孔子以前，“君子”之词主要涉及政治层面而往往甚少涉及道德教育上的内容。从语义学的角度来看，“君”，从“尹”，从“口”，

“尹”表示治事，“口”表示发布命令，两者合在一起表示发号施令、治理国家的意思。由此，“君子”一般指统治者。到春秋时期，孔子发其端，“君子”一词开始充盈道德品质的属性。君子由原来政治意义上的有位之人，演变为孔子心目中具有理想人格范型之人。虽然孔子也想成为圣人，但是在孔子看来，圣人是可遇不可求的。“圣人，吾不得而见之矣；得见君子者，斯可矣。”[1]

当然，孔子认为成就君子人格，光有仁是不够的，还需要和智、勇统一起来：“君子道者三，我无能焉：仁者不忧，知者不惑，勇者不惧。”子贡曰：“夫子自道也。”[2]强调一个品行高尚的君子必须是智、仁、勇三者兼而有之。

（1） 朱熹：《四书章句集注·论语集注·述而》，中华书局2011年版，第95页。
（2） 朱熹：《四书章句集注·论语集注·宪问》，中华书局2011年版，第146页。

成仁之境：

跟颜回学做一个君子

◆ 在孔子的眼中，颜回是成就仁德的君子典范。

◆ 颜回退而自省，择善好学，能“闻一以知十。”

◆ 颜回以德行著称，居孔门四科十哲之首，能“不迁怒，不贰过。”

◆ 颜回用行舍藏，因道而乐，自称“鼓琴足以自娱，所学夫子之道者足以自乐。”

孔子一生授徒讲学，旨在教导弟子们体认立身处世的准则，修养仁德之心，造就恭、宽、信、敏、惠兼具的君子。在所有的弟子中，孔子独赞颜回“好学”，“有颜回者好学”(1)，还特别指出：“语之而不惰者，其回也与！”(2)意即听我说话始终不懈怠的，大概只有颜回一个人吧！而对孔子的教诲，颜回往往是“退而省其私，亦足以发”(3)，时常对老师所讲的思想能够予以发挥。对此，连以聪颖著称的子贡也叹称颜回“夙兴夜寐，讽诵崇礼”(4)，佩服他能“闻一以知十”(5)。的确如此，颜回位列孔门弟子“德行”科的首位，安贫乐道，用心思考，好学进取，努力实践孔子倡导的“仁礼相济”的精神要求，达到“其心三月不违仁”(6)的君子境界。

心不违仁，博文约礼

打开《论语》，可以发现孔子很喜欢谈论君子，因为“君子”是孔

(1) 朱熹：《四书章句集注 · 论语集注 · 雍也》，中华书局 2011 年版，第 82 页。
(2) 朱熹：《四书章句集注 · 论语集注 · 子罕》，中华书局 2011 年版，第 109 页。
(3) 朱熹：《四书章句集注 · 论语集注 · 为政》，中华书局 2011 年版，第 57 页。
(4) 王聘珍：《大戴礼记解诂 · 卫将军文子》，王文锦点校，中华书局 1983 年版，第 108 页。
(5) 朱熹：《四书章句集注 · 论语集注 · 公冶长》，中华书局 2011 年版，第 76 页。
(6) 朱熹：《四书章句集注 · 论语集注 · 雍也》，中华书局 2011 年版，第 84 页。

子一生的追求。那么，在孔子的心目当中，谁堪称是真正的君子呢？就是颜回。颜回具有哪些君子品质以至于孔子多次称赞呢？

《论语》一共20篇，按照朱熹的划分，可分成499章。在整个《论语》中涉及颜回的，一共有19章。颜回出现的频率虽比不上子贡，但是他的智慧之高是孔门其他弟子所不及的。颜回有什么智慧呢？《论语》对颜回是怎么描述的呢？

了解颜回的君子境界之前，首先对颜回的生平事迹要有基本的认识，譬如，他何时成为孔子的学生的？在孔子的三千弟子当中，他为何首屈一指？又为什么是孔子最喜欢的学生？他一生主要的特点是什么？为什么颜回的影响那么大？为什么颜回达到了为仁之境？

颜回，字子渊，又字渊，春秋晚期鲁国人，不幸英年早逝。《论语》有两次提到颜回“不幸短命死矣”[1]，其命短到什么程度呢？

[微视频]
颜回生卒年

关于颜回的生卒年，《论语》没有明确的记载。学术界关于颜回的生卒年有几种说法。第一种说法：颜回只活了18岁。据《淮南子》《列子》这两本著作考证，颜回只活到了18岁。第二种说法：颜回只活了31岁。这个说法在《孔子家语》这本著作中提及。第三种说法：颜回享年41岁。清代学者李锴撰写的《尚史》考证，颜回比孔子小了30岁，享年41岁。当然还有别的文献佐证颜回活了41岁。那么在这些说法中到底哪些是比较符合史实的呢？

---

(1) 朱熹：《四书章句集注·论语集注·先进》，中华书局2011年版，第118页。

综合各种史料记载，可知孔子周游列国开始于公元前 497 年，结束于公元前 484 年，孔子周游列国历时 14 年。在这 14 年里，颜回紧跟孔子，如影随形。若颜回只活到了 18 岁，孔子离开鲁国怎么可能带着 4 岁的颜回一起去周游列国，一起去推行他的仁义学说呢？显然这是不切实际的。因此，颜回享年 18 岁，这个说法是站不住脚的。

根据《论语》的一些间接史料，特别是司马迁的说法，认为颜回比孔子小 30 岁，认定颜回出生于鲁昭公二十一年（公元前 521 年），死于鲁哀公十四年（公元前 481 年），享年 41 岁，这个说法是比较可靠的。

那么，颜回何时成为孔子的学生呢？同样立足《论语》记载，再结合其他一些间接的文献材料，我们可以考证出颜回何时成为孔子学生的。

［微视频］
颜回师从孔子

通过品读《论语》原文，大家可以发现，《先进》篇谈到了孔子许多优秀的弟子。

子畏于匡，颜渊后。子曰："吾以女为死矣。"曰："子在，回何敢死？"[(1)]

孔子在周游列国时，在匡这个地方被人包围了，颜回落后了，从后面赶来，孔子就对颜回说："我还以为你死了呢，你跑到哪儿去了？"颜回说："老师您还在，我怎么敢死呢？"

另外，《吕氏春秋》也提到过相关的内容。《吕氏春秋》是先秦两

（1） 朱熹：《四书章句集注 · 论语集注 · 先进》，中华书局 2011 年版，第 122 页。

汉时期一部重要的典籍，它是杂家思想的代表作。

孔子穷于陈、蔡之间，七日不尝食，藜羹不糁。宰予备矣，孔子弦歌于室，颜回择菜于外。[1]

孔子在陈、蔡两国之间处境困厄，七天没有进食，野菜汤里没有一粒米。宰予已经很疲惫了，孔子还在屋里不停地弹琴唱歌，颜回在室外择菜。这里颜回又出现了。而孔子及其弟子被围困于匡地这件事发生在孔子周游列国的初期，他们刚刚离开鲁国来到了魏国，这个时间应该不会是公元前 496 年。而孔子在陈国、蔡国遭难这件事发生在鲁哀公六年（公元前 489 年），这时的孔子已经 63 岁了，周游列国到了后期。从这两件事情可以看出，颜回从初期到后期一直跟随孔子。因此，我们可以推论，颜回在孔子周游列国之前已经是孔门弟子了。

东汉著名学者王充的《论衡》一书也记载了孔子讲学的一些情况，在中国思想史、中国教育史上，这本书是一本重要的著作。

少正卯在鲁，与孔子并。孔子之门，三盈三虚。唯颜渊不去，颜渊独知孔子圣也。[2]

王充在这里提到一个与孔子同样在开办私学的人，是谁呢？他就是鲁国的大夫少正卯，但这个人后来被孔子所杀。这件事在历史上非常重要，尤其是在对孔子的评价上，人们颇有争议。少正卯为什么会被孔子所杀？在许多学者看来少正卯是一个法家人物，而孔子是儒家

(1) 何志华译注：《吕氏春秋 · 慎人》，中华书局（香港）2013 年版，第 200 页。

(2) 北京大学历史系《论衡》注释小组：《论衡注释 · 讲瑞篇》，中华书局 1979 年版，第 956 页。

的。是不是儒法之间有非常激烈的思想斗争呢？是不是有矛盾呢？

少正卯和孔子都在讲学招生，而当时的学生是可以来去自由的，这就导致有些本来在孔子门下的学生跑到少正卯门下，造成孔子门下“三盈三虚”的状况。这里的“三”是虚数，我们也可以把它当成实数。这也可以说明当时春秋时期学术思想自由、百家争鸣，少正卯的言论有号召力，社会影响力大。但难能可贵的是颜回没有这么做，他很专一、固执，从来没有离开过孔门。他认为孔子是个了不起的圣人，孔子的仁义学说令他情有独钟。所以，根据这则材料可以判定，颜回在孔子离开鲁国去周游列国之前就已经是孔门弟子了。

那么颜回具体的年龄我们还要进一步考证。根据有关资料表明，一般据学术界研究推论，孔子是30岁开始正式办学授徒的。这时孔子刚刚三十而立，没有太大名气，招收的弟子并不多。尤其是最早的一批弟子，比如颜路，他是颜回的父亲，只比孔子小了6岁。据《史记》记载，颜路、颜回父子俩都是孔子的学生，只不过颜回是孔子中晚期招的弟子。除了颜路以外，还有子路（仲由）、冉耕（冉伯牛）等人，这些人都属于早期弟子。我们结合中国教育史实、中国教育制度，可以考察古代春秋时期的官学规定进小学、大学的年龄，10—13岁这种说法是比较站得住脚的。有的学者经过研究，明确提出颜回是在13岁的时候开始跟孔子学习的。现在还没有太多的文献记载准确说明颜回是具体哪一年跟随孔子学习的，这恐怕需要有更多的文献材料考证。

子曰:“自行束脩以上,吾未尝无诲焉。”[1]

关于束修,有的学者认为是指古代男子到了15岁成人时进行的束发礼。那这句话的意思为,“15岁以上的人,我是没有不教的”。那就说明孔子只招收15岁以上的孩子,这个说法也不是很妥当。虽说学术界有学者主张孔子只招15岁以上的孩子,但大家如果有兴趣的话还可以进一步研究。我们结合子路、颜回等其他著名弟子可以看出,多数弟子都是在10～15岁开始跟孔子学习的。

在《仲尼弟子列传》这本书中,司马迁明确记述了一些著名弟子与孔子的年龄差距,他认为孔子与各弟子的年龄相差在42～53岁不等。由此推知,孔子大多数弟子都在10岁左右跟随孔子学习,那么我们可以推论颜回大概也是在10岁左右开始跟孔子学习的。

如果按照10岁入学来计算,颜回大约是在公元前512年开始正式成为孔门弟子的,而这一年恰恰就是孔子自称“四十而不惑”[2]之年。

在孔门众多弟子中,颜回学识渊博,道德高尚,被列为“孔门十哲”之首,是孔子最为得意的弟子。所谓“孔门十哲”是指孔子的十个优秀弟子(颜子、子骞、伯牛、仲弓、子有、子贡、子路、子我、子游、子夏)的合称。有人问于孔子:“颜回何人也?”孔子回答说:“仁

(1) 朱熹:《四书章句集注·论语集注·述而》,中华书局2011年版,第91页。
(2) 朱熹:《四书章句集注·论语集注·为政》,中华书局2011年版,第56页。

人也，丘不如也。”[1]在孔子看来，颜回是一个仁人志士，达到了仁者的境界，孔子说他自己都比不上颜回。从《论语》里可以看见孔子一生是不易称别人为仁者的。据《论语》记载，在孔子的评价当中，大概只有六个人堪称仁者，这六人是尧、舜、禹、周公、管仲、颜回。“若圣与仁，则吾岂敢？”[2]孔子说他自己都达不到圣人和仁者这个境界，可想而知孔子对成就仁者之境的期许是多么高。

颜回作为孔子的德行科的代表，他被后人尊称为“复圣”[3]。历代君王对颜回的评价是非常高的，在宋元明清时期，明朝嘉靖皇帝明确下旨把他定为“复圣”。“复”的意思就是重复，继承并光大。那么颜回重复谁呢？就是重复孔子的思想言行，按照孔子所教导的学术思想，反反复复地去遵照执行，“亦步亦趋”[4]，继承和发扬孔子的教育思想、哲学思想，推行孔子所倡导的仁义学说，鉴于此，颜回被称之为“复圣”。《庄子》这本书也堪称中华民族的经典，也多次谈到颜回，对颜回也有很高的评价。前面所提到的“亦步亦趋”这个成语就来自《庄子》，庄子评价颜回时就用了这个词。当然还有《孟子》，《孟子》这本书谈到颜回的地方也特别多，孟子也是高度推崇颜回的。

颜回在孔子弟子当中德行方面排在第一名，深得孔子及其同门师兄弟的赞赏和爱戴。孔子对这个学生非常器重，多次称赞颜回“好

（1） 黄晖：《论衡校释·定贤篇》卷二十七，中华书局 1990 年版，第 1118 页。

（2） 朱熹：《四书章句集注·论语集注·述而》，中华书局 2011 年版，第 97 页。

（3） 中华书局编辑部：《明史·礼志四》，“二十四史”（简体字），中华书局 2000 年版，第 867 页。

（4）《庄子注疏·田子方》，郭象注，成玄英疏，中华书局 2011 年版，第 376 页。

学”“不违仁”[1]。颜回最重要的品质就是“好学”“不违仁”。孔子夸奖颜回是高明的、真正的君子。这是在《荀子》里面记载的，《荀子》是中国教育史、思想史的经典著作，里面也多次谈到颜回，对颜回也有很多评价。在孔子看来，颜回是一位真正达到了为仁之境的君子。不仅如此，孔子之后，汉、唐、宋、元、明、清历代的儒家学者对颜回都是高度推崇的，认为颜回是一个真正的君子。因此，我们这一讲的主题就是如何跟颜回学做一个君子。我们具体形象地跟大家展示一下，颜回的君子人格魅力以及君子跟孔子的仁义学说（仁学）有什么关联。

在一部一万多字的《论语》中，“君子”一词先后出现了107次，它的出现频率之高，仅次于“仁”而多于“礼”。君子是孔子所倡导的理想人格。君子以行仁、行义为己任，能将仁、义、礼、智、信等道德规范付诸行动。那么，“君子”这个至今已经被广泛使用了两千多年的概念，到底和颜回有着怎样的关联呢？为什么孔子说颜回达到了成仁之境呢？我们分三个方面来讲一讲颜回的成仁之境，现在先来讲一讲他第一方面的君子特质：心不违仁，博文约礼。

“仁”是孔子所追求的道德修养和精神境界的最高层次，而孔子认为颜回是实践仁德的典范。

孔子提出“仁”和“礼”统一的思想，归根到底是塑造能承担历史使命和现实责任的理想人格——“君子”人格。在孔子看来，要实

(1) 朱熹：《四书章句集注·论语集注·雍也》，中华书局2011年版，第84页。

现社会由天下无道走向天下有道，推行“仁”“礼”相统一的理想社会，就必须靠志士仁人的不懈努力。孔子一生的教育思想和实践就是要教导人们成就理想人格。孔子心目当中理想人格的核心内容，就是强调“仁”与“礼”结合，统一的“仁”德。他说：“君子去仁，恶乎成名？君子无终食之间违仁，造次必于是，颠沛必于是。”(1)意思是说，君子如果离开了仁德，又怎么能叫作君子呢？君子是不会违背仁德的，哪怕是一顿饭的时间也不会违背的，在最紧迫的时刻君子也一定能够按照仁德的要求去办事，在颠沛流离的时候，也一定会按照仁德的要求去作为。

在孔子看来，君子之所以为君子，就在于他具备“仁”的品德，在于他时刻不离开“仁”，哪怕是仓促之间，颠沛流离之际，都必须致力于“仁”。当然，在《论语》的一些语境当中，孔子所谓的“君子”，有时候指贵族，特指上层阶级。但是在《论语》当中，在大多数语境状态下，孔子强调“仁”的道德品质，讲“仁”的人格化，则体现在君子这一理想人格上，换句话说，君子是理想人格的别称。

那么，何谓塑造理想人格？所谓塑造理想人格，是指有意识地创造人们共同景仰的人格范型，引导人们去实现崇高的人生目标。儒家所塑造的理想人格，特别是孔子，都强调崇高道德。例如，在《论语》当中，人们时常可以看到像“圣王”“圣人”“仁人”“志士”“君子”等这样的表述。这些不同的表述，其实都是孔子用来指称理想人格的

(1) 朱熹：《四书章句集注·论语集注·里仁》，中华书局 2011 年版，第 69 页。

概念，尤其是在《论语》当中，“君子”这个词汇用得最为广泛。

塑造理想人格，是儒家创造出来的具有我们民族特色的道德人格和精神境界。这种道德人格和精神境界，使所有受教育者去追求和景仰，因而在客观上它对受教育者具有巨大的精神感召力。古往今来，一代代教育家、政治家以及不同领域的杰出人物，都对孔子所提出的理想人格产生了很大的兴趣。概括地说，孔子所倡导的理想人格有三大特性：一是具有超前性，对社会的道德生活具有导向作用；二是具有高尚性，被众人认可为高贵品格；三是具有激励性，它能够激励人们向上、向善，自觉地攀登崇高的道德境界。

当然，在孔子的教育思想中，作为理想人格的“君子”与“博施于民而能济众”[1]的最高理想人格“圣王”或者说“圣人”是有区别的。为什么这么说呢？因为要达到“圣王”或者“圣人”，需要有一定的政治地位和物质条件，而这是普通民众所不具备的。不仅如此，“圣王”或者“圣人”还必须能给老百姓很多好处，并且能够救济老百姓于危难之中。但是孔子所倡导的“仁德”则不同，它主要表达的是一种道德修养和道德境界，当然它也是一种精神境界。孔子说：“为仁由己，而由人乎哉？”[2]强调“仁德”是可以通过道德修养而达到的。他认为“仁德”是依靠自己主观努力所

(1) 朱熹：《四书章句集注·论语集注·雍也》，中华书局 2011 年版，第 88 页。
(2) 朱熹：《四书章句集注·论语集注·颜渊》，中华书局 2011 年版，第 125 页。

追求的一种崇高境界，“欲仁”“为仁”是一种自觉的、自主的道德行为，它不可以强调客观条件的约束，它与经济上的贫富没有什么逻辑关联。在孔子的眼中，颜回堪称是仁德的最好实践者，所以孔子称颜回是一位具有仁德的君子。

下面我们就来品读一下《论语》当中相关的话语，当然我们也可以在其他的思想家、教育家的文献中，看到有关颜回的论述。例如，在王充的《论衡》中有这样一段对话：或问于孔子曰：“颜渊何人也？”曰：“仁人也，丘不如也。”[(1)]

有人曾经问孔子：“颜回是个什么样的人？”孔子回答说：“颜回是一个仁人。”孔子还坦诚地说自己在“仁德”方面都比不上颜回。可想，颜回在孔子心目中地位是多么高！

在直接品读《论语》的过程中，我们可以发现孔子本人是怎么评价颜回的。例如，在《雍也》篇中，孔子是这么说的：“回也，其心三月不违仁，其余则日月至焉而已矣。”[(2)]意思是说：颜回这个人呀，他的心可以长久不离开仁德，别的学生则只能在短时间内偶尔想起去修养仁德。由此可见，孔子之所以如此称赞颜回，是因为颜回是他自己所倡导的“仁德”的最好实践者。《论语》的其他篇章也讨论了什么是“仁”以及如何修养“仁德”，具体体现在孔子和弟子们的相互问答中。孔子根据学生的提问，给出的回答是不同的。特别是针对颜回

(1) 黄晖：《论衡校释·定贤篇》卷二十七，中华书局 1990 年版，第 1118 页。
(2) 朱熹：《四书章句集注·论语集注·雍也》，中华书局 2011 年版，第 84 页。

的提问，孔子的回答意味深长、别有风味。在孔门众多弟子当中，颜回之所以成就仁德之境，在于颜回善问深思、身体力行。

孔子就“仁”这一问题做过很多的回答。比如孔子的学生樊迟问仁，孔子答以“爱人”(1)；冉雍问仁，孔子的回答是:“己所不欲，勿施于人。”(2)子贡问仁，孔子的回答:“己欲立而立人，己欲达而达人。”(3)这几位学生的不同发问都缺乏深刻的探究精神，而颜回的发问则和其他的同学是不相同的。

《论语·颜渊》篇的第1章，记载了颜回向孔子问仁的一则对话，如下：

颜渊问仁。子曰:“克己复礼为仁。一日克己复礼，天下归仁焉。为仁由己，而由人乎哉？”颜渊曰:“请问其目。”子曰:“非礼勿视，非礼勿听，非礼勿言，非礼勿动。”颜渊曰:“回虽不敏，请事斯语矣。”(4)

这是一则十分精彩的师生问答录，从这个问答中可以发现，颜回的提问是一种显微阐幽、穷究到底的发问。而孔子的回答是当下点破，然后循循善诱。师生俩一问一答，相当契合。在这则问答中，孔子回答了颜回“克己复礼为仁”的问题。他特别地教导颜回，成就“成仁

(1) 朱熹:《四书章句集注·论语集注·颜渊》，中华书局2011年版，第131页。
(2) 朱熹:《四书章句集注·论语集注·颜渊》，中华书局2011年版，第126页。
(3) 朱熹:《四书章句集注·论语集注·雍也》，中华书局2011年版，第89页。
(4) 朱熹:《四书章句集注·论语集注·颜渊》，中华书局2011年版，第125页。

之境”的关键就在于个人的主观努力，而且进一步阐明追求实现仁德境界的具体方式。当然，它说明了颜回具有追求仁德的内在要求，而且富有实现仁德的聪明才智。当中特别有“四勿”箴言，具体来说就是“非礼勿视，非礼勿听，非礼勿言，非礼勿动”。

而孔子针对颜回的秉性，他的聪明才智、他的好学精神，特别强调“博文约礼”的重要性。孔子说：“博学于文，约之以礼，亦可以弗畔矣夫！”[1]颜回在评论孔子的学问及对自己的影响时也曾经说：我老师的学问博大精深，越是抬头看，就越是觉得他的高深，越向深处钻，就越觉得他的学问奥妙无穷。看看似乎在前面，忽然又感觉到后面去了。可是老师善于有步骤不断地引导我：“博我以文，约我以礼。欲罢不能，既竭吾才，如有所立卓尔。虽欲从之，末由也已。”[2]颜回不仅“其心不违仁”，他还格外注重“博文约礼”的修养。博文、约礼就像鸟的两个翅膀，车的两个轮子。它是颜回修身养性、成就成仁之境、成为一个君子的两个重要先决条件。

一个君子是否能够成就成仁之境，站在老师的角度来说是“循循然善诱人”“博我以文，约我以礼”[3]；而站在学生的角度来说，则是强调要自觉形成一种向上不断要求进步和不断好学求取的精神。

（1） 朱熹：《四书章句集注·论语集注·颜渊》，中华书局 2011 年版，第 130 页。

（2） 朱熹：《四书章句集注·论语集注·子罕》，中华书局 2011 年版，第 106 页。

（3） 朱熹：《四书章句集注·论语集注·子罕》，中华书局 2011 年版，第 106 页。

孔颜乐处，安贫乐道

在了解了颜回有关其心不违仁、博文约礼的精神品质之后，我们再谈一谈颜回成就君子的第二个方面的智慧，也就是孔颜乐处，安贫乐道。

众所周知，孔子向来是不轻易许仁给别人的，而颜回却能够得到孔子如此高的评价。究其原因，这里归结为两个方面：一是颜回所奉行的居陋巷而不改其乐的人生观，用一个成语来概括就是“箪食瓢饮”。我们不妨来品读一下。

子曰：“贤哉，回也！一箪食，一瓢饮，在陋巷。人不堪其忧，回也不改其乐。贤哉，回也！”[1]

这一则材料的基本意思是，孔子说：“颜回，真是个贤才！”孔子这么说是因为颜回吃的是粗茶淡饭，住的是非常简陋的房子。而人们一般很难接受这样一种艰苦的生活条件，但是颜回却乐在其中。孔子在这一则材料中，用回环往复的修辞手法去评价颜回。刚开始说了句“贤哉，回也！”后面总结又说了一句“贤哉，回也！”。两个“贤”字，突出强调了一个中心意思，就是颜回是一个具有贤能的君子。这是孔子对颜回的高度赞扬。我们可以想象：在一条窄长的陋巷当中，

（1） 朱熹：《四书章句集注·论语集注·雍也》，中华书局 2011 年版，第 85 页。

出现了“一竹筐饭、一瓢匏水”的情景。除了这两样东西，小巷之中几乎一无所有，这里的生活处境十分艰苦。在别人都无法忍受由小巷恶劣的生活条件所带来的烦恼、忧愁时，颜回能独自一人在小巷里安心居住、生活，而且脸上带着微笑，内心深处充满幸福感。

这是为什么呢？这种乐来自何处？它跟孔子有什么关联？当然，孔子非常强调生活，特别是主张学习要有快乐感、幸福感。在《论语》的开篇就提到两种快乐，“学而时习之，不亦说乎？有朋自远方来，不亦乐乎？”[1]孔子认为学习有快乐，与弟子交往有快乐。当然，纵观孔子一生，他也有忧愁，也有烦恼。但是孔子的一生是积极向上的，人生豁达，可以说是乐以忘忧的。也就是说，颜渊的乐与孔子的乐以忘忧同出一辙，也正因为如此，后世学者就把两个人的道德修养和精神境界概括为“孔颜乐处”。例如，北宋时期理学开山鼻祖、著名的教育思想家周敦颐的《爱莲说》其实就是倡导大家要养成像颜回那样的君子人格。君子“出淤泥而不染”，具有像莲花一样的品格。在周敦颐的《通书》的《颜子》篇，可以看到这样一段评价颜回的话：“夫富贵，人所爱也。颜子不爱不求，而乐乎贫者，独何心哉？天地间有至贵至爱可求，而异乎彼者，见其大而忘其小焉尔。见其大则心泰，心泰则无不足，无不足则富贵贫贱处之一也。处之一则能化而齐，故颜子亚圣。”[2]

在周敦颐看来，颜回的快乐秉承了孔子的快乐，其追求的是一种

(1) 朱熹：《四书章句集注·论语集注·学而》，中华书局 2011 年版，第 49 页。
(2)《周敦颐集》，梁绍辉、徐荪铭等点校，岳麓书社 2007 年版，第 76—77 页。

超脱世俗的精神满足。

［微视频］孔颜乐处，安贫乐道

在宋代理学当中除了周敦颐高度评价颜回外，其实，还有许多的教育家也十分肯定颜回的君子人格和仁者的精神境界。比如程颢、程颐两兄弟就专门对“孔颜乐处”这一问题进行专门的探讨，有兴趣者可以去查阅“二程”的有关论述。当然，在整个宋、元、明、清时期，“孔颜乐处”这一理想人格的高度概括有很大的影响，它影响了一代又一代读书人的人格形成和发展。我们还可以在《论语》的有关篇章中，去看一看孔子本人是如何表述的。

子曰：“士志于道，而耻恶衣恶食者，未足与议也。”(1)

在孔子看来，一个士人有志于学习和实践君子理想人格的话，他是不以自己吃得好穿得好为条件的；如果一个人因为自己吃得不好穿得不好为耻辱，那么对这种人，孔子是不和他讨论仁德的。

子曰：“不仁者不可以久处约，不可以长处乐。仁者安仁，知者利仁。”(2)

没有仁德的人不能够长久地居于贫困之中，也不能够长久地居于安乐之中。有仁德的人安心于仁德的修养，因为他实践仁德会觉得心安理得，而不实践仁德，他心里会忐忑不安。有智慧的人利用仁，因为他认识到仁德对自己有长远而巨大的利益，于是他也能够实践仁德。

(1) 朱熹：《四书章句集注·论语集注·里仁》，中华书局2011年版，第70页。

(2) 朱熹：《四书章句集注·论语集注·里仁》，中华书局2011年版，第68页。

孔子这两章所讲的思想含义大致相同。他反复强调，如果一个人斤斤计较个人的吃穿等生活琐事，他是不会有远大志向的，也就无法去探究“什么是君子”这样的仁德问题。

关于“孔颜乐处”的核心要义就是指立德。人生的一切欲望，归纳起来无外乎有两种：一种是精神欲望，另一种是物质欲望。为了满足这两种欲望，人们相应地产生了两大追求，也就是精神追求和物质追求。凡人、庸人乃至小人往往把物质欲望当作人生的追求，甚至视为人生的全部，所以没有多少精神层面的追求。而君子大不相同，君子虽然也有欲望，但是他们没有太多乃至过分的物质欲望，他们有着更为崇高的精神追求。当然，君子也要生活在现实生活中。因此，君子有时候往往也要面临物质欲望和精神欲望的冲突，甚至在一些特定境遇的伦理当中，人的欲望会产生激烈的冲突。所以这时候，君子往往会比凡人、庸人当然也包括小人更多承受一些人生的烦恼、痛苦。只不过是他们最终能用精神欲望来主宰自己，合理地引导自己，达到一种有伟大包涵力的和谐心理状态。而这种和谐心理状态，其实就是“安贫乐道”。

我们可以说，“安贫乐道”是激烈内心冲突的产物，同时更是精神力量强大的表现。君子所谓“安于贫”，而不是指向“乐于贫”，是因为贫穷本身没有什么快乐可言。那么他们为什么能够做到“安心于贫困”，坦然面对贫困生活？这是因为他们以道为乐。

“孔颜乐处”是孔子奠基的关于理想人格以及道德境界的命题，从孔子以后，历代的儒家学者都把它奉为人生的一种境界。

好学进取，不迁怒不贰过

跟颜回学做一个君子，除了要学习他“心不违仁，博文约礼”和“孔颜乐处，安贫乐道”这两个品质之外，还要学习他的“好学，不迁怒，不贰过”[1]，也就是下面要讲的颜回第三个方面的智慧或品质。

孔子高度评价颜回具有“好学”的突出优点，并说明颜回这一优点，主要表现在颜回能做到“不迁怒，不贰过”层面上。

[微视频]
好学进取，
不迁怒，不贰过

子谓子贡曰：“女与回也孰愈？”对曰：“赐也何敢望回。回也闻一以知十，赐也闻一以知二。”[2]

孔子有一次问子贡，他说：“子贡啊，如果你跟颜回进行比较，你觉得谁会更优秀些呢？”子贡说：“我怎么能够跟颜回比呢？”子贡认为颜回能够“闻一知十”，听到一件事，他能够推演出十件事的发展，而他本人只能做到“闻一知二”。子贡的回答足以说明颜回的聪明才智，也可以看出颜回是多么好学。

颜回好学进取的精神，如果用一句话来概括，莫过于“不迁怒，不贰过”这六个字。意思是说颜回从不把自己的怒气发泄到别人身上，也从不重犯同样的错误，这是颜回作为君子的一个难能可贵的特质。

（1） 朱熹：《四书章句集注·论语集注·雍也》，中华书局2011年版，第82页。
（2） 朱熹：《四书章句集注·论语集注·公冶长》，中华书局2011年版，第76页。

在《论语·雍也》当中有这么一则语录：

哀公问："弟子孰为好学？" 孔子对曰："有颜回者好学，不迁怒，不贰过。不幸短命死矣！今也则亡，未闻好学者也。"[1]

在《论语》中，孔子谈"好学"谈得不多，谈及好学的语境总共出现了6次，而6次中就包括了孔子特别高度地评价颜回的好学进取。在孔子所有学生当中，孔子只承认、指出颜回是唯一的好学者。鲁哀公向孔子发问，你的弟子中，谁是好学的人？面对鲁哀公的发问，孔子能否马上回答鲁哀公的问题呢？因为，在那么多的弟子中，无论是哪一方面的"特长"，相互比较，优劣各异。相差甚远者有之，相互比肩者有之。所以，孔子要说出在三千弟子中，谁是最好学的人，是需要一番比较的。不过，孔子很快地就说出有个叫颜回的人最好学，直截了当地回答了鲁哀公所提出的问题。也就是说，面对鲁哀公的发问，孔子郑重其事，并且不无伤感地告诉鲁哀公，除了颜回之外，在三千弟子中再没有第二个人像颜回那样了。但是很可惜，颜回短命，英年早逝。

孔子认为颜回不一定具有高超的政事才华，但是他不忘初心，心不违仁，博文约礼，这种人格风范是难能可贵的。颜回尤其珍贵的学问道德就在于他能够在恼怒的时候不拿别人出气，一旦出现过错经过反省之后绝不再犯。因此，孔子将颜回的这种君子风范称之为"不迁怒，不贰过"。在日常生活中，人们大多时候很难做到"不迁怒，不贰

（1） 朱熹：《四书章句集注·论语集注·雍也》，中华书局2011年版，第82页。

过”。“迁怒”是什么意思呢？它的基本意思是指不分对象，也不分场合，脾气一旦爆发就乱发一通，把怒气发泄出来而不顾别人的心理感受。例如，在今天的校园生活中，时不时地有迁怒的现象存在。有的老师可能在路上跟人家吵架或者开车在路上被堵了，结果到教室里把学生批评了一通，拿学生当出气筒。这样的话学生心里会感到莫名的委屈，上课的效率自然也就不高。显然，这个老师的所作所为是不妥的。因而这种“不迁怒，不贰过”的君子品格更显得难能可贵，它值得我们每一位老师学习。

我们还可以看到，历史上的不少人之所以成为千古罪人，其中一个重要理由就是他们十分任性地迁怒于他人。在现实生活中，许多人怒气冲天，积重难返，以致于产生抑郁病症，根本没有心情去领略大自然的景致和人生的乐趣。

另外，人非圣贤，孰能无过。在现实的生活中，人们基于各种原因难免会犯错误。有些人犯了错误，丝毫不反省自己犯错的原因。即使别人出于好心，帮助他指出，并且分析原因，结果他抱着“虚心接受，坚决不改”的态度，以至于同样的错误一犯再犯。如此一来，人生就在这样一种不断的犯错中蹉跎度过了，了此一生。颜回可以做到“不迁怒、不贰过”，而做到这一点，就必须从不断的学习中修养形成，进而努力成就君子的成仁之境。

见义勇为：

跟子路学做一个勇者

◆ 在孔门弟子中，子路是见义勇为的翘楚。

◆ 君子之勇只有合于义，才称得上德性之勇。子路曰："君子尚勇乎？"子曰："君子义以为上。君子有勇而无义为乱，小人有勇而无义为盗。"

◆ 子路将义勇之心贯彻于政事，以身行道，勇于担当，敢说真言，仗义疏财。子路曰："愿车马、衣轻裘，与朋友共。敝之而无憾。"

在孔子众多优秀的弟子中，有狂者、狷者和中行者[1]，但敢于直言、勇于担当的莫过于子路。子路率性而为，不掩锋芒，敢于直言。孔子非常喜爱子路这样能文能武的弟子，由衷地评价道："由也好勇过我。"[2]"千乘之国，可使治其赋也。"[3]甚至说："道不行，乘桴浮于海。从我者其由与？"[4]认为子路好勇的精神超过自己，假如自己的仁政理想无法实现，则想乘一只木筏子漂流海外，而无条件跟随自己的，恐怕只有子路了！

子路尚勇，以勇闻名。所以，子路依照自己的性情爱好，经常向孔子请教尚勇是否是一种美德的问题。翻开《论语》，我们可以看到这样一则记载：子路曰："君子尚勇乎？"子曰："君子义以为上。君子有勇而无义为乱，小人有勇而无义为盗。"[5]

孔子深知子路勇武刚强的个性，担忧他尚勇过头，缺乏道义原则的引导和制约。所以，孔子谆谆教导子路为人处世更重要的是讲求道义，把道义和勇敢紧密结合在一起。在孔门师生关系中，孔子和子路算是朝夕相处时间最长的一对师生。通过如切如磋的教学相长活动过程，孔子、子路师生俩均认同见义勇为是值得称赞的一种美德。这里，分别从政绩功业、禀赋个性、学养修为诸方面解析子路的勇者形象，且品绎子路之所以为勇者的教育智慧。

（1） 朱熹：《四书章句集注·论语集注·子路》，中华书局 2011 年版，第 138 页。
（2） 朱熹：《四书章句集注·论语集注·公冶长》，中华书局 2011 年版，第 76 页。
（3） 朱熹：《四书章句集注·论语集注·公冶长》，中华书局 2011 年版，第 76 页。
（4） 朱熹：《四书章句集注·论语集注·公冶长》，中华书局 2011 年版，第 76 页。
（5） 朱熹：《四书章句集注·论语集注·阳货》，中华书局 2011 年版，第 169 页。

善于政事

子路的政治才能卓越，受到了老师、同门以及执政者的一致认可，并以凸显的政治才华，位列孔门十哲。子路不同于箪食瓢饮不改其乐的颜回，也不同于对文学充满热忱的子夏，他对经世济民有着极高的热情，把为政治国当成为学的主要指向。子路性格直率、敢怒敢言，勇于行义是其最突出的思想特色。

子路一生追随、保护孔子，游说四方，积极捍卫并努力践行孔子的思想学说。在拜孔子为师之前，子路粗野鲁莽、桀骜不驯，后经孔子卓越的教育艺术培养成为一位义勇兼备的君子。

[微视频]
子路简介

子路，姓仲名由，字子路，又字季路，生于公元前 542 年，卒于公元前 480 年，春秋末年鲁国卞人（今山东泗水县人）。子路生于一个经济条件相对困难的家庭，从小生活条件艰苦，但是子路非常孝顺，尤其是对母亲，但凡有吃食，首先会想到母亲。在二十四孝故事中，子路孝亲的故事便是其中一则。子路仅比孔子小 9 岁，算是孔门弟子中年龄偏大的一位。子路性格较耿直且好勇。在孔子周游列国的过程中，子路一直伴其左右。在鲁哀公十一年（公元前 484 年），他跟随孔子结束了周游列国的活动，回到鲁国，继续从事政治，于鲁哀公十五年（公元前 480 年）死于卫国的宫廷内乱，享年 63 岁。子路一生的政治活动区间主要集中在鲁国和卫国。

子路在《论语》的不同篇章与不同语境中共出现了81次，可以说出现的频率是非常高的。在《论语》20篇中，其中有一篇就是以子路直接作为篇名的，即《子路篇》。可以推知，子路是孔子弟子中一位非常重要的人物，子路同时也是孔门中比较有个性的一位学生。子路富有政治才华且为人仗义，与老师及同门的关系都处理得非常好，勇敢可以说是他最突出的品质。那么，子路是怎样敢于直言与见义勇为的呢？

仔细阅读《论语》，我们可以发现，在周游列国的过程中，打前站与垫后的工作一般由子路来完成，因此孔子对子路是比较依赖的。当然，子路对老师也是非常崇敬与爱戴的。

子路宿于石门。晨门曰："奚自？"子路曰："自孔氏。"曰："是知其不可而为之者与？"(1)

在周游列国的过程中经过一个叫石门的地方，子路打算留下住宿，守城门的人问子路是从哪里来的？子路回答"自孔氏"，即来自孔门。这个回答颇值得玩味，为什么这么说？因为面对"从哪里来"的问题，通常回答的人会给出一个具体地名，如今日惯常说的某省某县。可是子路却非常骄傲和自豪地告诉对方，自己是来自孔子门下，而不是来自其他诸子百家门下。可见，子路有着强烈的师门皈依意识，并且与孔子的关系非同一般，师生感情非常深厚。接着，守城门的人又问："是知其不可而为之者与？"这说明，在当时的人们心中，孔子

(1) 朱熹：《四书章句集注·论语集注·宪问》，中华书局2011年版，第148—149页。

是一个“知其不可而为之”的形象。在他的仁义学说到处碰壁的情况下，还能坚持自我理想，这也是孔子的一种人格魅力。从这则对话中，可以看出子路是一个尊敬老师的人，不违背师说，对孔子的仁义学说非常笃信。下面将具体从四个方面来分析子路的性格特质。第一，从政治活动的角度去了解子路的政治才能；第二，从知行观的角度去分析子路是偏向于学问还是实践；第三，从敢于直言的角度去探讨子路的这种率真性格好不好；第四，从见义勇为的角度来把握子路个人的形象。

在司马迁的《史记·仲尼弟子列传》中，子贡所占篇幅最多，而子路的篇幅仅次于子贡。司马迁是怎样描绘子路的呢？根据其在《史记·仲尼弟子列传》中的记载，子路生性质朴，喜好勇猛武力，心地刚强直率。在未拜孔子为师之前，他性格张扬，“冠雄鸡，佩猳豚”[1]，纯粹是一介武夫的形象，对孔子的态度也很傲慢无礼，还曾欺凌过孔子，但是孔子并没有责怪他，而是对他设施礼教，逐渐引导子路。在孔子的教化下，子路脱下武服，改穿儒服，要求成为孔子弟子并心悦诚服地拜孔子为师。

在孔子的教育下，子路成了什么样的人呢？《论语》和《史记·仲尼弟子列传》中有相关记载。《论语》对子路的言行有直接的呈现，直接涉及子路的有40章，孔子评价子路时会用到“鄙”“野”，但更多的时候说他是个勇者。《论语》谈“勇”的地方有十几处，其

（1） 司马迁：《史记·仲尼弟子列传》，中华书局2011年版，第1942页。

中多数与子路有关。那么“勇”在孔子的理想人格中到底是一种怎样的品德？是好，是坏，还是中性？“勇”和仁、义、礼、智、信、温、良、恭、俭、让、孝、悌等概念相比，是否重要？古希腊教育家如苏格拉底、柏拉图等都是比较强调勇敢这种品质的。儒家教育是否重视勇敢这种品质？通过子路可以发现，儒家也是非常强调勇敢的，并非旨在培养一些文弱书生与手无缚鸡之力之人。儒家的君子人格是德才兼备、文武双全的，就如孔子本人一样。

子路到底是一个怎么样的人呢？要正确把握和评价子路的为人，需从四个方面出发。第一个方面就是子路的政治才华，子路最突出的才能在于善于政事。《论语·先进》中记载：“德行：颜渊，闵子骞，冉伯牛，仲弓。言语：宰我，子贡。政事：冉有，季路。文学：子游，子夏。”(1)

孔子弟子根据学业特长可以分为四科：德行、言语、政事和文学。在德行方面，最突出的就是颜回（字子渊，又称颜渊）、闵子骞（闵损，字子骞）、冉伯牛（冉耕，字伯牛）和仲弓（冉雍，字仲弓）；在言语和外交辞令方面突出的就是宰我（宰予，字子我）和子贡（端木赐，字子贡）；在政事方面突出的就是冉有（冉求，字子有）和季路（仲由，字子路，又字季路）；在文学方面突出的就是子游（言偃，字子游）和子夏（卜商，字子夏）。从中可以看出，孔子对于子路的政治才能给

(1) 朱熹：《四书章句集注·论语集注·先进》，中华书局2011年版，第117页。

予了高度肯定。了解子路，不仅可从老师对子路的评价来了解其为人，还可以通过当时相关执政者的评论来更全面地把握子路的人物特性。

《论语·公冶长》记载：孟武伯问："子路仁乎？"子曰："不知也。"又问。子曰："由也，千乘之国，可使治其赋也，不知其仁也。"(1)

孟武伯问孔子，子路是否是有仁德的人？孔子回答，不知道。他又问，于是孔子说，仲由啊，如果是有 1 000 辆兵车的国家，可以让他负责兵役和军政的工作，至于他是不是有仁德的人，我不晓得。在春秋时代，一个国家若能拥有 1 000 辆兵车，这个国家的实力可以说是很强大的。子路能够在一个"千乘之国"里做到让百姓生活安定，国家税收得到保障，那说明他的政治才能是毋庸置疑的。这是通过孟武伯与孔子的对话来评价子路的。

子路是如何评价自己的呢？在《论语·先进》中，子路说："千乘之国，摄乎大国之间，加之以师旅，因之以饥馑；由也为之，比及三年，可使有勇，且知方也。"(2)这个评价是孔子和子路、曾皙、冉有、公西华这几位弟子坐在一起要求他们谈论各自的人生志向时，子路不假思索地回答，一个"千乘之国"，外有大国制约，内有饥荒灾害。让我去治理的话，等到三年之后，我就可以让老百姓人人勇敢善战，通达

(1) 朱熹：《四书章句集注·论语集注·公冶长》，中华书局 2011 年版，第 76 页。
(2) 朱熹：《四书章句集注·论语集注·先进》，中华书局 2011 年版，第 123 页。

事理。从子路对自己的评价中，可知子路并非狂妄自大，而是对自我的能力、特长具有清晰的认识。

孔子对子路的政治才能是十分肯定的，我们从《论语》当中可以看到相关材料。如《论语·雍也》篇记载：季康子问："仲由可使从政也与？"子曰："由也果，于从政乎何有？"[1]

"由也果"就是孔子对子路的一个基本判定，他认为子路这个人非常果敢，行事勇于决断，不会拖拖拉拉，所以孔子说"于从政乎何有"，从政治理国家对子路来说不是什么难事。也就是说，子路的政治才能得到了老师、同学以及一些执政大夫的认同，如季康子，他重用子路，让子路做家宰，主掌他家中的大小事务。除此之外，子路也曾在卫国从政，他在卫国的表现也不错。子路超强的政治才干也给司马迁留下了很深刻的印象。司马迁在《史记·仲尼弟子列传》中对子路的政治才能给予了充分的认可，他明确肯定了子路在季氏家族里为官和在卫国蒲邑做大夫时的工作表现。韩婴的《韩诗外传》也有关于子路在蒲邑做大夫的记载，如："治蒲三年，孔子过之，入其境，曰：'善哉由也，恭敬以信矣。'入其邑，曰：'善哉由也，忠信而宽矣。'至廷曰：'善哉由也，明察以断矣。'"[2]

子路在卫国蒲邑任职时，孔子经过蒲邑，看到蒲邑的具体景况，夸赞子路有恭有敬，讲诚守信，而且善于断案。那个年代的大夫不仅

（1） 朱熹：《四书章句集注·论语集注·雍也》，中华书局 2011 年版，第 84 页。

（2） 韩婴：《韩诗外传集释》，许维遹校释，中华书局 1980 年版，第 205 页。

要管经济工作，还要管司法工作，子路在断案方面的才能是非常突出的。在审理案件时，他可以“片言折狱”，只听原告或者被告的几句话就可以准确判断谁是谁非。综合子路在政事方面的优异表现，使孔子把他列为政事科的突出代表，位列“孔门十哲”之一。

知行合一

对子路的政治才华有了基本了解后，下面我们从知行合一的角度来探析子路的知行观。

子路以政事科的突出表现被列为孔门十大弟子之一，据《史记·仲尼弟子列传》记载，“受业身通者七十有七人，皆异能之士也”[(1)]。根据司马迁的评价，显然子路是属于所谓的异能之士的。前文谈到子路武功厉害，政事表现突出，那么子路好不好学呢？

在拜孔子为师之前，子路只是一介武夫，经常以“不知”为“知”。在拜孔子为师之后，孔子经常教育子路“知之为知之，不知为

(1) 司马迁：《史记·仲尼弟子列传》，中华书局2011年版，第1937页。

不知，是知也”[1]。在《论语》不同的篇章里都有孔子批评子路的言语记录。孔子臧否分明，对学生该表扬的方面表扬，该批评的方面批评。子路是集孔子的表扬与批评为一身的一个弟子。因此子路也是个极具争议性的人物，学界对子路的研究也是褒贬不一的。在孔子这种“知之为知之，不知为不知”的观念教导下，子路的学问大有长进，犹如脱胎换骨，由武夫转变为孔子思想的携行者与捍卫者。孔子自从有了弟子子路之后，便“恶言不闻于耳”了，即再也听不见别人说他坏话了，这说明子路积极捍卫老师的形象，不允许别人妄议老师。这在《史记·仲尼弟子列传》中有记载：“自吾得由，恶言不闻于耳。”[2]尤其在孔子周游列国的十四年期间，子路凭借自己的一身武功充当了孔子“贴身保镖”的角色，并且经过老师的教化，他也不再强以“不知”为“知”了，由此可知，子路也是一个爱问好学的学生。

子路经常问孔子什么问题，喜欢问什么方面的问题呢？请看下面的孔子弟子提问统计表。

孔门弟子提问统计表（“某弟子问某事”句式）

弟子 / 频次	子张	子路	樊迟	颜回	仲弓	司马牛	子贡	子夏	宪问
1	问善人之道 11.19	问事鬼神 11.11	问知问仁 6.20	问仁 12.1	问子桑伯子 6.1	问仁 12.3	问政 12.7	问政 13.17	问耻 14.1

(1) 朱熹：《四书章句集注·论语集注·为政》，中华书局 2011 年版，第 59 页。

(2) 司马迁：《史记·仲尼弟子列传》，中华书局 2011 年版，第 1944 页。

续表

频次＼弟子	子张	子路	樊迟	颜回	仲弓	司马牛	子贡	子夏	宪问
2	问明 12.6	问政 13.1	问仁 问知 12.22	问为邦 15.10	问仁 12.2	问君子 12.4	问友 12.23		
3	问崇德 辨惑 12.10	问成人 14.13	问仁 13.19						
4	问政 12.14	问事君 14.23							
5	问行 15.5	问君子 14.45							
6	问仁 17.6								

从上表中可以发现，按照“某弟子问某事”这种句式统计，子张问得最多，达六次，子路问了五次。在众弟子中，子路仅次于子张，可见子路是一个比较爱问的学生，而且可以发现，子路向老师问鬼神、政事、成仁、事君等方面的问题，折射出子路热爱政治，主张修身、治国、平天下的人物特性。修身之后要内圣而外王，如何治国、平天下才是子路的人生理想。可见，子路学习的重心在于学以致用，即学习目的是要付诸社会实践。儒家的“君子”人格是德才兼备、文武双全的。孔子针对子路如何成就理想人格的发问，告诉他君子要知耻而后勇，不能一味地蛮干。而其他的学生，像樊迟问了三个问题，颜回问题比较少，只问了两个问题，不如子路问的多。虽然不能简单地从次

数来推论子路比颜回好学，但是从这方面可以看出子路是善于动脑的，喜欢发问的，而且问的问题都是关涉学以致用与政治活动的。通过统计分析还可以发现，子贡、子夏、仲弓、子路等人就“某弟子问某事”这种句法形式以及问题出现的频率、次数与相关内容来看，弟子们的疑惑比较偏多在政治活动方面，尤其反映在子路身上。子路更关心为政为仁，也就是说子路更偏重于社会实践，具体一点来说，子路更关心政治实践，怎样治国安邦，使老百姓免于灾祸，能够丰衣足食，社会和谐。

结合“学而时习之，不亦说乎”[1]的表述，可以发现，孔子非常强调学习之后应该落实在实践上，应学以致用，而且在这个实践过程中能够体会到其中的快乐，实践反过来对学习也有促进作用。其实，孔子在知行方面，是行重于知的。相形于学问等方面的东西，孔子更加重视行。子路也深得老师的教诲，更偏重于实践，“子路有闻，未之能行，唯恐有闻”[2]。在实践方面，子路和孔子也存有争执。如有一次，子路叫他的同学子羔去费邑做费宰。孔子认为子羔这个人不具备担任费宰职位的能力，但子路认为子羔可以。所以孔子和子路两人之间是有差异的。子路其实并不能完全理解老师的思想主张，如他说过：“有民人焉，有社稷焉，何必读书，然后为学？”[3]但子路敢于表达，而不管说得是对是错，性格很率真。子路是很喜欢动脑的一个人，虽说他

（1） 朱熹：《四书章句集注·论语集注·学而》，中华书局 2011 年版，第 49 页。
（2） 朱熹：《四书章句集注·论语集注·公冶长》，中华书局 2011 年版，第 78 页。
（3） 朱熹：《四书章句集注·论语集注·先进》，中华书局 2011 年版，第 122 页。

学问不是太好，比不上子夏，也比不上颜回，但是，他还是比较重视学习的，只是子路个性偏于行动，偏于社会实践。

孔子评价子路“行行如也”[(1)]。“行行如也”是什么意思呢？意思是说子路很刚强、很正直。但这种性格也会有缺憾，如孔子曾调侃子路“若由也，不得其死然”，[(2)]将来可能会不得好死啊！这个调侃竟一语成谶，在卫国发生内乱时，子路因见义勇为而牺牲。孔子因材施教，针对子路提出了“六言六弊”的教导。“六言六弊”出现在《论语·阳货》篇子路与孔子的对话中。

子曰：“由也！女闻六言六蔽矣乎？”对曰：“未也。”“居！吾语女。好仁不好学，其蔽也愚；好知不好学，其蔽也荡；好信不好学，其蔽也贼；好直不好学，其蔽也绞；好勇不好学，其蔽也乱；好刚不好学，其蔽也狂。”[(3)]

这段话当中，六言是指仁、智、信、直、刚、勇；六弊是指愚、荡、贼、绞、乱、狂。这六种弊端或者说这六种局限，特别是“好勇不好学”，如果说一个人一味地过分好勇，不爱好学习，就会捣乱闯祸，产生犯上作乱这种负面的行为。那怎样将“六弊”向“六言”转换呢？孔子主张还是要好学，知是行的一个前提，就是说，要在社会行动、政事方面有更好的表现都离不开学习。所以在孔子教育思想当中怎样处理好学和勇之间的关系是很值得思考的一个话题。

---

(1) 朱熹：《四书章句集注·论语集注·先进》，中华书局 2011 年版，第 119 页。
(2) 朱熹：《四书章句集注·论语集注·先进》，中华书局 2011 年版，第 119 页。
(3) 朱熹：《四书章句集注·论语集注·阳货》，中华书局 2011 年版，第 165—166 页。

敢于直言

下面，从敢于直言的角度去探讨子路的这种率真性格好不好。

子路性格耿直率真，有什么想法就会立刻表达出来，在老师孔子的面前也不例外。如《论语·阳货》有一处记载：公山弗扰以费畔，召，子欲往。子路不说，曰："末之也已，何必公山氏之之也。"子曰："夫召我者而岂徒哉？如有用我者，吾其为东周乎？"(1)

公山弗扰，也就是公山不狃，是鲁国的执政大夫，他派人去请孔子出来做官。此时孔子的政治思想已较成熟，但此前一直得不到重用，听到这个消息，他心动了，于是想去。但是子路听到这件事之后很不高兴，不想让老师去。他说出了两个原因。第一，公山弗扰这个人是属于犯上作乱才得势的，如果孔子做他的下属，从道义方面显然说不过去。第二，费邑这个地方是个弹丸之地，公山弗扰这个人现在得势，但长期下去能不能得势还很难说。老师想要实现克己复礼，恢复周朝的礼乐制度，把它作为实施自己政治抱负的政治实验田能不能行得通呢？老师是不是有点幼稚呢？于是孔子向子路解释自己为什么想去，他说当初周文王、周武王在丰、镐建立都城，虽然费邑这个地方比不

---

(1) 朱熹：《四书章句集注·论语集注·阳货》，中华书局 2011 年版，第 164—165 页。

上丰和镐，但也应该差不多。公山弗扰邀请自己去那里做官，难道会让自己白跑一趟吗？倘若有人肯用我，我将使周文王、武王之道在东方复兴。然而子路说话很不客气，他说没有可去的地方就算了，何必非得去公孙弗扰那个地方？后来孔子也就没去。可见子路这样说是不怕得罪老师的，这是他的品格所致。

还有一则典型的材料也能说明子路在孔子面前敢于直言。《论语·阳货》中记载：佛肸召，子欲往。子路曰："昔者由也闻诸夫子曰：'亲于其身为不善者，君子不入也。'佛肸以中牟畔，子之往也，如之何！"子曰："然。有是言也。不曰坚乎，磨而不磷；不曰白乎，涅而不缁。吾岂匏瓜也哉？焉能系而不食？"[1]

佛肸在卫国中牟县做大夫，是范氏、中行氏的家宰。当时晋国势力把握在赵氏家族手里，晋国大夫赵简子要攻打范氏、中行氏，讨伐中牟。佛肸盘踞在中牟对抗赵简子，他派人邀请孔子来做官，目的是要孔子来中牟县帮他谋反。孔子又心动了，子路听到这件事又不高兴了。他说，老师曾经说过，亲自做坏事的人，君子是不和他来往的。佛肸这个人是坏人，您怎么能够前往呢？孔子回答说，我是说过这话。但是我还说过，坚硬的东西它是磨不薄的，洁白的东西是染不黑的，我难道只是一个中看不中用的匏瓜吗？怎么能只是被悬挂着而不给人吃呢？孔子的言外之意是说人要能够学以致用。而子路还是认为佛肸这个人跟公山弗扰一样，都是无德之人，是个犯上作乱者，所

（1） 朱熹：《四书章句集注·论语集注·阳货》，中华书局2011年版，第165页。

以君子不应该和这种人来往。孔子后来也是没有去成，其中很大一个原因就是子路的谏言。

子路敢说敢言，而且言之有理。勇者敢言，他是根据当时的政治要求和道德规范来提出自己的观点，并不是胡乱说的。孔子的众多弟子中，子路是最敢于直言的，他不会碍于别人的面子或怕得罪老师，这是他最鲜明的个性之一。当然他还有一大特点就是见义勇为，下文将会具体谈到他怎么见义勇为的。

见义勇为

［微视频］见义勇为

子路有着很多鲜明的个性，例如率性耿直，勤于政事，敢于直言，但最难能可贵的是他能够见义勇为，做到义与勇相结合。如果勇敢没有正义来与之相匹配的话，很容易变成莽撞，勇敢要受到正义的制约。勇还需要与义、礼、仁相互配合，否则就是匹夫之勇，是要不得的。

首先看一则孔子和子路的对话。子路曰："君子尚勇乎？"子曰："君子义以为上。君子有勇而无义为乱，小人有勇而无义为盗。"[1]

(1) 朱熹：《四书章句集注·论语集注·阳货》，中华书局2011年版，第169页。

这段话的意思是说，君子十分崇尚勇敢，把道德正义看作最崇高的品德。君子有勇敢但是缺乏正义就会反叛作乱，会成为乱臣贼子，而小人有勇但是缺乏正义的话，就会沦落为小偷、强盗。孔子的意思是要求子路做到勇与义两者相结合。也就是说，君子之勇不是意气用事和鲁莽冲动，它首要的精神是要见义勇为，见利思义。符合道义的事情就去做，不符合道义而非要去做是一种愚蠢的行为，因此孔子说“义以为上”，反之，如果见义不为的话是无勇的表现。

勇和礼之间是一种什么关系呢？孔子说：“勇而无礼则乱，直而无礼则绞。”(1)在孔子看来，只有勇敢却不懂得理智则会闯祸作乱，只是心直口快却不懂得理智就会说话尖酸刻薄，这也意味着勇一定要遵循理智的要求，用礼去制衡勇敢这种行为。

前文提过，勇敢在孔子的理想人格要求中是一种中性的品德，不义而勇是不值得称赞的。当然，关于勇和其他的一些道德伦理要求如何搭配，怎么使用，怎么践行，孔子还有别的说法。关于勇的话题，孔子和子贡也探讨了很多。有兴趣的话，可以结合子贡的言论来更加详细地了解勇敢在理想人格中所处的地位，不仅仅局限于子路这个人物。但不可否认，子路是最突出的勇者的化身，这个可以从《论语》的很多材料中得到论证。

孔子还主张勇必须和仁相匹配。“仁者必有勇，勇者不必有仁。”(2)

---

(1) 朱熹：《四书章句集注·论语集注·泰伯》，中华书局2011年版，第99页。

(2) 朱熹：《四书章句集注·论语集注·宪问》，中华书局2011年版，第140—141页。

孔子提到过的道德规范有很多，例如，“仁义礼智信”“温良恭俭”“忠恕”“孝悌”等，其中“仁”是居于核心地位的，是最高的道德原则。在孔子看来，勇是要和仁搭配的，如果脱离了仁的制约，勇也就不可取了。特别是君子之勇，它归属于仁德的范畴。勇必须依托于仁德，才能成为一种真正的君子品德。如果一个君子能够做到仁和勇相配合的话，那么他在面临生死存亡的紧急关头也不会动摇屈服，如曾子所言：“可以托六尺之孤，可以寄百里之命，临大节而不可夺也。”[1]即：可以放心地把年幼的君主托付给他，可以把国家的政权也托付给他。

总而言之，子路的“勇”的核心以道德正义为本质，为前提，它以礼为节制，统摄于仁，行及由此。“勇”是一种以道德理性为内涵的意志品德。也就是说，勇敢这种品德，必须由义、礼、仁来节制与引导，否则，它会流为乱盗者的助推器。在品读《论语》的过程中我们会发现子路总体上给人一种勇者的气象。后人对子路的这种形象也有很多评价，特别是在程、朱、陆、王的著作中，子路会经常被拿来与颜回作比较。在程朱理学看来，颜回也有勇，而颜回的勇是一种大勇。若想了解子路的勇和颜回的勇有什么差异，不仅要好好阅读《论语》这部儒家经典，还要看看宋明理学家们的相关评论，这样才能更加深刻地认识和评价子路的勇者形象。

(1) 朱熹：《四书章句集注 · 论语集注 · 泰伯》，中华书局 2011 年版，第 100 页。

博学于文：

跟子夏学做一个学者

◆ 子夏由学而教，是继孔子之后的一代文化巨匠。他作为“西河传学”的代表人物，发明章句，传经后世，受到司马贞的高度评价：“子夏文学著于四科，序《诗》，传《易》。又孔子以《春秋》属商。又传《礼》，著在《礼志》。”

◆ 子夏是孔门罕能与孔子论《诗》而知学的弟子，堪为教学相长的榜样。孔子夸赞子夏：“起予者商也！始可与言《诗》已矣。”

◆ 子夏博学于文，其学有广狭之分。狭义之“学”，专指学习《六经》典籍知识；广义之“学”，乃指现实人生中的文化教养。子夏曰：“贤贤易色，事父母能竭其力，事君能致其身，与朋友交言而有信。虽曰未学，吾必谓之学矣。”

孔子依照因材施教的教育原则，曾以“德行”“言语”“政事”“文学”四科划界，将十位杰出弟子分置对待，其中“文学”科的代表为子游、子夏。**所谓的“文学”，意指以礼乐文化为核心的儒家文智教化之学，主要涉及儒学典籍知识和礼乐教化实践两大层面内容。**比较而言，同列“文学”科的子游更擅于礼乐教化实践，子夏则尤长于博习儒学经籍。子夏才思敏捷，讲学不辍，提出了不少富有创见的治学主张，譬如：“仕而优则学，学而优则仕”[1]，“博学而笃志，切问而近思”[2]，“学以致其道”[3]。

对子夏的渊博学识，孔子时常情不自禁地做出这样的肯定：“起予者商也！”[4]在孔子逝世之后，子夏自觉地继承孔子的学术衣钵，居西河教授，广收门徒，大力宣讲《诗》《礼》《易》《春秋》等儒学典籍文化，广泛传播孔子的思想学说。

教学相长，共创儒学

子夏学识渊博，是孔门罕能与孔子论诗而知学的弟子。子夏尤长

(1) 朱熹：《四书章句集注·论语集注·子张》，中华书局 2011 年版，第 177 页。
(2) 朱熹：《四书章句集注·论语集注·子张》，中华书局 2011 年版，第 176 页。
(3) 朱熹：《四书章句集注·论语集注·子张》，中华书局 2011 年版，第 176 页。
(4) 朱熹：《四书章句集注·论语集注·八佾》，中华书局 2011 年版，第 63 页。

于学，以“学”显名，以“学”勉人，其最大的特点是“博学于文”。那么子夏作为“学“的代表，我们应该如何跟子夏学做一个学者呢？

子夏，姓卜，名商。据说他是春秋末年晋国温邑人，但也有学者说他是魏国人。其实这两种说法都有道理，因为温邑在子夏出生时属晋，三家分晋后属魏。子夏生于公元前 507 年，卒年不详。

子夏是孔子在周游列国期间招收的弟子，比孔子小 44 岁，是“孔门十哲”中“文学”科的突出代表。《荀子·大略》记载：“子夏贫，衣若县鹑。”[1]子夏家境贫寒，是从社会底层奋斗出来的士人，其出身与颜回、曾参等人相差无几。

子夏学有所成，是孔子十分欣赏的好学弟子之一。子夏继承孔子的学术衣钵，热心于教育事业，广收门徒，尤其重视君王的教育。魏国国君魏文侯，自称师从子夏学习，受益良多。子夏尤长于学，以“学”显名，以“学”勉人，其所言“仕而优则学，学而优则仕”[2]，流传至今，仍不失为经典语句，对后世产生了深远的影响。

在教学方面，子夏的贡献是“教学相长，共创儒学”。子夏博学于文，好学深思，积极参与儒学的创建，在先秦儒学的形成和发展过程中，发挥了承上启下的重要作用。子夏崇信孔子的思想，他继承和发展了孔子的学说，参与儒学一些重大问题的探究，也深刻地启发了

（1） 王先谦：《荀子集解下·大略篇第二十七》，沈啸寰、王星贤点校，中华书局 1988 年版，第 513 页。

（2） 朱熹：《四书章句集注·论语集注·子张》，中华书局 2011 年版，第 177 页。

孔子有关方面思想的形成。师徒俩相辅相成，教学之间相互促进，可谓教学相长。

子夏和孔子经常切磋学问，交流思想。在《论语》中，记载了子夏向孔子“问孝”“问政”等方面的问题，亦有孔子对子夏的称赞之辞。

子夏问曰：“‘巧笑倩兮，美目盼兮，素以为绚兮。’何谓也？”子曰：“绘事后素。”曰：“礼后乎？”子曰：“起予者商也！始可与言《诗》已矣。”(1)

子夏问道，古诗说：笑容真是好看啊，黑白分明的眼珠转的媚啊，再用素粉来增添她的美丽啊！这三句诗是什么意思？孔子答以“绘事后素”。对于“绘事后素”的解释，后世学者对此众说纷纭，莫衷一是。有学者解释：“画画是先有一张白色的纸，然后再涂抹各种颜色。”这种解释显然是错误的，因为在先秦以前，造纸术还没有发明。在春秋时期，重要的书写、画画材料是绢帛，绢和帛的颜色是咖啡色的。在绢帛上怎么作画，施以各种颜色呢？正确的理解应该是先涂抹其他颜色，最后涂抹白色，而不是先有白色。

[微视频]
绘事后素

子夏针对孔子“绘事后素”的回答，继续发问，子夏说：“礼后乎？”从画画谈到了“礼”，那画画跟“礼”有什么关系呢？孔子听到子夏这种“礼后乎”的问题很惊讶，但是同时更加高兴，非常赞赏

(1) 朱熹：《四书章句集注·论语集注·八佾》，中华书局 2011 年版，第 63 页。

子夏的问题。他说:“起予者,商也!始可以言《诗》已矣。”只有你才能给我带来启发。我们俩可以开始探讨《诗经》了,而孔子对颜回都没有做出这种评价。由此可以看出,孔子对子夏的评价很高。

通过“绘事后素”和“礼后乎”的问答,充分彰显出子夏对“仁”和“礼”两者关系的思考,而且强调“仁”“礼”对人之成就的关键意义,展露出一种以“仁”为主,以“礼”为辅,“仁”与“礼”相辅相成的价值取向。孔子从子夏的问题中也颇受启发,不吝溢美。

在孔子的思想学说中,“礼”具有丰富的内涵和意义。它可以指一般的礼节、礼仪,也可以指社会的行为规范和交往准则。因为在《论语》中,不管是孔子还是子夏、颜回、曾参等弟子们都没有明确给“礼”下一个定义。因为在中国传统的学问中,儒家学者大都是不会去给概念下定义的,这就需要读者自己去综合、归纳。人是一种群居性动物,为了在一起生活时不产生纷争,每个人在满足自己的欲望方面必须接受一定的限制。而“礼”的功能就是确定这种限制。有礼,才有道德,遵礼而行就是道德,违礼而行就是不道德。

孔子跟很多弟子都有对话,但众弟子中真正能给他思想启发的,孔子明确高度表扬的,只有子夏一个人。可见,孔子对子夏是多么器重。子夏为什么能得到孔子的高度称赞呢?这还要与孔子“仁”“礼”的思想主张联系起来进行分析。

孔子的思想由两个主要部分组成:一是“仁学”,二是“礼学”。

关于孔子的思想核心问题，南京大学匡亚明先生在《孔子评传》中，主张孔子的思想核心是“仁”。而复旦大学蔡尚思先生在《孔子思想体系》中，主张孔子的思想是以“礼”为核心；还有一些学者主张孔子的思想体系是双核心，即“仁”与“礼”都是核心。当今多数学者主张孔子的核心思想以“仁”为主，以“礼”为辅。

“仁”和“礼”二者之间有何关系？当然主张以“仁”为主，以“礼”为辅，仁礼相济。阅读《论语》，不难发现孔子所谓的“仁”的基本含义是爱人，而它的最高境界是“泛爱众而亲仁，博施于民而济众”。而“礼”的特质、规定性在哪里？归纳起来，礼是宗法社会中的等级名分，礼是辨名分、别贵贱的，以及从这个等级名分当中所呈现出各种各样的仪式仪规。等级名分是根据每个人与各级统治者之间血缘关系的亲疏、远近来决定的。如果一个人做到了“非礼勿视，非礼勿听，非礼勿言，非礼勿动”[1]，可以说就达到了“礼”的最高境界。

其实，孔子的思想可以分为早期和晚期两个阶段。具体来说，54岁之前，他主张“仁”“礼”并重。54岁之后，他的思想重心发生变化，他主张尚“仁”重“礼”，且以礼为美。

据杨伯峻先生统计，《论语》中提到有关“仁”的语境，一共有109次。而涉及“仁”与“礼”二者之间的关系，颜回与孔子的对话堪称经典。

(1) 朱熹：《四书章句集注·论语集注·颜渊》，中华书局2011年版，第125页。

颜渊问仁。子曰:“克己复礼为仁。一日克己复礼，天下归仁焉”。[1]

面对颜渊如何成就仁德的问题，孔子说:“克己复礼为仁。”由此推知，孔子主张“仁”与“礼”并重，“仁”与“礼”相互渗透。“仁”“礼”相济，强调以孝悌为本。

[微视频]
孔子的思想轨迹

在周游列国期间，孔子发现自己的“仁礼”学说行不通，四处碰壁，就像司马迁所说的“累累若丧家之狗”[2]，所以他的思想发生变化了。他认识到一味地依靠“仁”的学说，难以扭转“君不君，臣不臣”[3]的社会格局。因此，孔子重新思考“仁学”，并逐渐转向以“礼”为重。而子夏问诗之事，恰好发生在孔子已有这种转变但对此还没明确表达之时。

子夏问诗得到“绘事后素”的答复后，由“先画其他色彩，再画白色”，联想到“仁”与“礼”之间的关系，发出了“礼后乎”的问话，实质上是暗含了子夏“礼后于仁”的观点。而这恰好引起了孔子的共鸣。他认为“仁”是先天具有的善端，而“礼”是后起的，所以“礼”应该后起于“仁”。因此，他主张以“仁”为本，以“礼”为辅。即“仁”是内在的、第一位的、先天的，而“礼”是外在的、第二位的、后起的。所以孔子听到子夏说“礼后乎”，感慨万千。“起予者商

(1) 朱熹:《四书章句集注·论语集注·颜渊》，中华书局 2011 年版，第 125 页。
(2) 司马迁:《史记·孔子世家》，中华书局 2011 年版，第 1721 页。
(3) 朱熹:《四书章句集注·论语集注·颜渊》，中华书局 2011 年版，第 129 页。

也！始可与言《诗》已矣。”[1]这则师生对话，不仅表现出孔子谦虚的品质和博大的胸怀，同时也折射出子夏的才学。

子夏问诗之事，不仅启发了孔子对“仁”“礼”关系的思考，而且也彰显出子夏的智慧。要深入理解孔子“仁”和“礼”的关系，还需上升到教育哲学的高度。儒家教育哲学的理论基础是人性论，即“性相近也，习相远也”[2]。在孔子看来，人性最重要的特质是向善。孔子说：“文质彬彬，然后君子。”[3]质是内在，文是外在，文即礼，质即仁。仁和礼相结合，可称之谦谦君子。换言之，“仁”是内在的，“礼”是外在的；“仁”是内容，“礼”是形式。孔子认为一个人要成为君子，一定要加强自己的修养，使为学处世的内容和形式相得益彰。

子夏跟孔子通过探讨《诗经》，将“仁”与“礼”的关系上升到教育哲学的高度。足见子夏的智慧，也彰显出他教学相长的教育智慧。

子夏对“学”情有独钟，以“学”显名，以“学”勉人。尤长于学的子夏，是如何教学相长的呢？又如何与孔子共创儒学的呢？通过品读《论语》原文，可以寻绎子夏的教育智慧。

樊迟问仁。子曰：“爱人。”问知。子曰：“知人。”樊迟未达。子曰：“举直错诸枉，能使枉者直。”樊迟退，见子夏。曰：“乡也吾见于夫子

(1) 朱熹：《四书章句集注·论语集注·八佾》，中华书局 2011 年版，第 63 页。
(2) 朱熹：《四书章句集注·论语集注·阳货》，中华书局 2011 年版，第 164 页。
(3) 朱熹：《四书章句集注·论语集注·雍也》，中华书局 2011 年版，第 86 页。

而问知，子曰，‘举直错诸枉，能使枉者直’，何谓也？”子夏曰：“富哉言乎！舜有天下，选于众，举皋陶，不仁者远矣。汤有天下，选于众，举伊尹，不仁者远矣。”(1)

樊迟向孔子问知，孔子答以“举直错诸枉，能使枉者直”，樊迟不明其意，问子夏何意，子夏回答：老师的这番话意义多么丰富啊！舜有了天下，在众人之中挑选，把皋陶提拔出来，委以重任；汤有了天下，在众人之中选拔，把伊尹提拔出来，不仁之人就难以存在了。

孔子所谓“举直错诸枉”，实际上，暗含了“学而优则仕”的思想。他主张举贤才，政治要向所有的平民阶层开放，而不是“仕而优则学”，即先做官，然后再学习。孔子主张“举贤贤”，而反对“举亲亲”，即反对以血缘为纽带，贵族垄断政治的格局。政治应该向所有的平民阶层、士阶层开放。所以子夏深刻领悟到孔子的思想。把老师比较抽象的解答具体化，通过“舜举皋陶，汤举伊尹”的史实让樊迟理解孔子“举贤贤”的思想价值取向。子夏对樊迟问题的解答不仅契合孔子的学术思想，还彰显出子夏善于教学相长。

子夏不仅善于和老师进行学术交流，而且还对同学友爱，答疑解惑，光大儒学思想。有一回，同学司马牛遭遇没有亲兄亲弟的情感困惑，子夏用“四海之内皆兄弟”的君子胸襟解开司马牛的心结，使之涣然冰释：司马牛忧曰：“人皆有兄弟，我独

(1) 朱熹：《四书章句集注·论语集注·颜渊》，中华书局2011年版，第131—132页。

亡。”子夏曰：“商闻之矣：死生有命，富贵在天。君子敬而无失，与人恭而有礼。四海之内，皆兄弟也。君子何患乎无兄弟也？”[1]

这则对话的大意是，司马牛忧愁地说，别人都有兄弟，单单我没有。子夏说，我听说：死生听之命运，富贵由天安排。君子只要对待工作严肃认真，不出差错，对待别人恭敬有礼，天下之大，到处都是兄弟，君子又何必担心没有兄弟呢？

面对司马牛之忧，子夏引述孔子“死生有命，富贵在天”的天命观思想，强调对人生中不可更改之事，要学会接受。显然，这是继承了孔子的消极天命观。而“君子敬而无失，与人恭而有礼，四海之内皆兄弟也”，则是子夏十分肯定君子所为，即“敬而无失，恭而有礼”的待人接物之道。君子是孔子的理想人格，成为君子，则四海之内皆兄弟。这里子夏强调人的主观能动性，尽人事。这是继承了孔子的君子观。子夏将孔子的天命观与君子观结合起来，用积极的君子观去淡化孔子的消极天命观，告知司马牛充分发挥人的主观能动性，积极面对人生。显然，子夏的思考继承和发展了孔子的天命观和君子观。

因此，可以说，子夏对孔子儒家思想的形成和发展起了重要作用。当然，颜回、曾参、子游等弟子也功不可没，但是子夏的智慧尤体现在“教学相长，共创儒学”，所以他在历史上产生了特有的作用和历史影响。

（1） 朱熹：《四书章句集注·论语集注·颜渊》，中华书局 2011 年版，第 127 页。

发明章句，传述《春秋》

在《后汉书·徐防传》中有一则史料写道："《诗》《书》《礼》《乐》定自孔子；发明章句，始于子夏。"[1]明确点出"发明章句，始于子夏"，强调子夏在经学发展史上的重要地位和作用。

根据司马迁的说法，在孔子之前，《诗经》可观者有三千多首，而今存世的只有305首。孔子在世时有三千多首，为何至今仅存305首？根据司马迁的研究，孔子把《诗经》中不适合做教材的诗歌摒弃了，如有关鬼神、低俗的民间作品，未被用于教学，自然未被收录作教材。孔子编订《诗经》《尚书》，而子夏帮助孔子整理典籍，并传播"六经"。孔子向弟子们讲解"六经"(《诗》《书》《礼》《乐》《易》《春秋》)，并没有分章分句，而子夏对孔子所订的六部经书，每一篇都分出章节，每一章都判明句读，并对文义加以解释，即"发明章句"。

孔子订"六经"，子夏明章句，有了经和章，才有了传统的经学。而"经"既是孔子思想阐发的源泉，又是孔子彰显、发挥思想学说的载体。而子夏作为经学的发明人，在整理和传播古代文献方面的功绩仅次于孔子，这是孔门其他弟子无法比拟的。

子夏在学术上的另一重要贡献，是传述《春秋》和《左传》，完善

(1) 范晔:《后汉书》，中华书局2000年版，第1012页。

孔子整理古代文献的工作。

子夏作为“孔门十哲”中“文学”科的代表，他是精通“文学”的学者。这里“文学”特指关于儒家经典的学问，而非今“文学”的概念。《论语》所谓的“文学”，主要是指《诗》《书》《礼》《乐》《易》《春秋》六本儒家典籍，即“六经”或者称之为“六艺”。“六经”或者“六艺”是孔子亲自编订的。

孔子是如何编订“六经”的呢？这与子夏又有何关联呢？南宋文学家洪迈的《容斋随笔》载：

> 孔子弟子惟子夏于诸经独有书，虽传记杂言未可尽信，然要为与他人不同矣。于《易》则有《传》，于《诗》则有《序》。而《毛诗》之学，一云，子夏授高行子，四传而至小毛公；一云，子夏传曾申，五传而至大毛公。于《礼》则有《仪礼·丧服》一篇，马融、王肃诸儒多为之训说。于《春秋》，所云‘不能赞一辞’，盖亦尝从事于斯矣。公羊高实受之于子夏；谷梁赤者，《风俗通》亦云子夏门人。于《论语》，则郑康成以为仲弓、子夏等所撰定也。”[1]

（1） 洪迈：《容斋随笔》，齐鲁书社 2007 年版，第 309 页。

依照洪迈的意见，在孔子的众多弟子中，只有子夏在诸经中有自己的作品，即使传记杂言不可全信，但是也至少可以说明他与其他弟子不同。对于《易经》，他作有《易传》；对于《诗经》，他作有《诗序》。而《毛诗》这门学问，一说是子夏传给高行子，又经四传而至于小毛公；还有一种说法是子夏传给曾申，再经五传而至大毛公。对于《礼》，子夏作有《仪礼·丧服》一篇，马融、王肃等著名学者都为它作注释、训诂。对于《春秋》，子夏说自己“不能赞一辞”，不能帮助孔子修改一句话。可见他也曾从事于此书的研究。《春秋公羊传》的作者公羊高实际上是受业于子夏；《风俗通》一书说《古梁传》的作者古梁赤也是子夏的门徒。对于《论语》，东汉著名学者郑玄认为它乃是仲弓、子夏等人所撰写的。根据洪迈的判断，孔门弟子中有著作才能的只有子夏。

由此推知，子夏对《春秋》及儒家经学的产生和发展影响巨大。孔子编订《春秋》，主要是用来正名分。《春秋》有很多的书法。所谓书法就是它的书写，评论的原则和方法，比如说“春秋笔法”。“春秋笔法”是孔子提倡的一种史书写法，现多称文章用笔曲折而意含褒贬的写作手法，委婉地表达作者的倾向，不直接表明态度，以曲折迂回的方式让人知道。也指一字置褒贬，简练而含蓄地点评人事，亦称“微言大义”。

孔门后学主要的学习材料之一是《春秋》，而子夏对《春秋》这部书作了必要的补充，进一步加以完善了孔子的思想。所以，子夏在中国经学史上的贡献是功不可没的。

由学而教，传经后世

作为孔子的高足，子夏对孔子事业的继承和发展是多方面的。子夏赓续孔子的学术薪火，继承孔子的教育事业，培养了很多弟子。据有关史料记载，其弟子中比较有成就者300位左右。

在孔子逝世后，子夏在西河传学，培养出一批杰出的政治家、军事家、学者和社会改革家。见于文献记载的有魏文侯、田子方、段干木、李悝、吴起、禽滑厘等，其中，魏文侯、李悝、吴起三人的成就最为突出。李悝，著名的法家人物，军事家，足智多谋；吴起，兵家的代表，著名的军事家；魏文侯，魏国的君王。

子夏在西河一带，进行著书立说、整理六经等教育活动，尤对《诗经》的传播贡献极大。子夏所居的“西河”，在魏国都城安邑的东部。子夏在西河传学活动的主要范围是在温邑（今属河南省焦作市）。

子夏还参与了《论语》的编撰，包括他的后人及其弟子。子夏特别的贡献是整理和传授了《诗经》。据陆机《毛诗草木鸟兽虫鱼疏》载：

“孔子删《诗》授卜商，商为之《序》，以授鲁人曾申，申授魏人李克，克授鲁人孟仲子，仲子授根牟子，根牟子授赵人荀卿，荀卿授鲁国毛亨，亨作《诂训传》，以授赵国毛苌，时人谓亨为大毛公，苌为小

毛公。”(1)

于此不难看出，子夏对《诗经》的传播起到了重要作用。可以说没有子夏在西河传学，孔子思想很难生根开花，流传后世。正因为如此，子夏被两汉经学家奉为孔子之后经学教育的鼻祖。

子夏不仅对荀子及其后的儒家经学一派产生了深远的影响，而且对法家、墨家、道家等思想流派思想学说的形成和发展，也在某种程度上起到了催生和助长的作用，对战国时期“百家争鸣”局面的形成起到了开拓的作用。

历史地看，子夏无愧是中国传统文化教育史上的一位巨擘。

(1) 阮元校刻:《十三经注疏》，中华书局1980年版，第259页。

文、行、忠、信：

以德驭智的教育价值观

◆“文、行、忠、信”四教涉及文化知识的教学问题，更关联为人处世的德育智慧，是孔子的教育理念在教学过程中的展现。

◆“文”之教主要是《诗》《书》《礼》《乐》《春秋》《易》等文献或学识的习得。

◆“行”之教主要是由学“文”而落于实处的行为以及社会实践，躬行所学的道德自觉与道德践履教育。

◆“忠”和“信”两者，不仅仅是孔子所强调的关涉主体自身的德育范畴，同时是自身与他人相联系的德育关系范畴。“忠”和“信”两教是人的品格教育的内在基础。

◆“文、行、忠、信”四教相辅相成，并以仁学思想为核心价值贯穿其中，成就“从心所欲不逾矩”的君子之境。

古往今来，无论是知识教育还是道德教育，都是非常重要的。

孔子的“文”之教主要是《诗》《书》《礼》《乐》《春秋》《易》等文献或学识的习得。“行”之教主要是由学“文”而落于实处的行为以及社会实践，躬行所学的道德自觉与道德践履教育。“忠”和“信”两者，不仅仅是孔子所强调的关涉主体自身的道德教育范畴，同时是自身与他人相联系的道德教育关系范畴。“忠”和“信”两教是人的品格教育的内在基础。

孔子强调要将所学到的文化知识和做人道理落实于行动之中。

孔子强调个人在行为上，应多观察他人的言行举止，相观取善，防微杜渐，然后谨慎去做自己有把握的，这样就能减少自己的后悔。

孔子一生学而不厌，诲人不倦。如果用一句话概括孔子以何育人，言简意赅地回答，便是“文、行、忠、信”四教。“文、行、忠、信”涉及孔门教育内容及其价值取向。如果仔细品读《论语》，就可以发现，孔子从“文、行、忠、信”四个方面来教育孔门弟子。但是孔子、孔门弟子以及再传弟子，并没有对“文、行、忠、信”四教的含义做出明确的阐释，其缘由在于儒家教育思想往往都倾向被概览性描述，而不被逻辑性定义。这就使得人们很难清晰而深刻地理解孔子“文、行、忠、信”四教的内在含义。这势必会影响人们对孔子教育思想以及对孔子教育实践活动的客观评价。所以这里很有必要对“文、行、忠、信”的教育内涵展开史实和哲学的辨析。

孔子继往开来，在西周“六艺”传统教育的基础上，建构起“文、

行、忠、信”四教的教育内容体系来培养学生。“文、行、忠、信”四教既有基础性、实践性知识系统，也有专业性、理论性知识系统，蕴含着丰富的伦理价值。“文、行、忠、信”四教是一个有机的整体，充分展现出德智统一、以德驭智的教育价值观。为了叙述之便，这里分别从四个方面对“文、行、忠、信”四教进行阐释，以凸显孔子寓德于智、立德树人的教育智慧。

“文”之教

孔子倾毕生心血于教育事业。如果从生活技能的层面进行审视，孔子教育学生的主要内容是“礼、乐、射、御、书、数”六艺之类的实用性知识。但如果从典籍知识与德才之间价值关系的教学层面来看，即“文、行、忠、信”四教。《论语·述而》的第24章明确记载“子以四教：文、行、忠、信”[1]，点明孔子从“文、行、忠、信”四个方面来培养学生。“文、行、忠、信”四教之说因是孔门弟子当事人的见证，或属当事人口传的记载，恐为对事实的概括。然而，究竟何谓“文、行、忠、信”四教，这是学界关注的重要教育话题之一。“文、行、忠、

（1） 朱熹：《四书章句集注·论语集注·述而》，中华书局2011年版，第95页。

信”四教不仅涉及教育内容与步骤，还涉及孔子的教育价值取向问题。人们基于不同的学术思想立场，对此各抒己见，众说纷纭。例如，宋代著名教育家程颢、程颐从理学的视角解释：“教人以学文修行而存忠信也。”[1]而另一持汉学立场的宋代著名学者邢昺对“文”的疏解是“先王之遗文”[2]。清代的刘宝楠也以汉学家的眼光展开辨析，做出进一步的阐释：“‘文’谓《诗》《书》《礼》《乐》，凡博学、审问、慎思、明辨，皆‘文’之教也。‘行’谓躬行也。中以尽心曰忠，恒有诸己曰信。人必忠信，而后可致知力行，故曰忠信之人，可以学礼。此四者，皆教成人之法，与教弟子先行后学文不同。”[3]现代学者杨伯峻采用现代汉语的译介方式，做了这样的阐释：“孔子用四种内容教育学生：历代文献，社会生活的实践，对待别人的忠心，与人交际的信实。”[4]而现代另一著名学者李泽厚遵循抽象的实践哲学向度，概而论说：“文献，行为，忠实，信任。”[5]有关《论语》的现代诠释[6]，虽不胜枚举，但皆与杨伯峻和李泽厚的解说别无二致。

从孔子所处的时代背景和《论语》的语境进行考察，不难发现程

(1) 朱熹：《四书章句集注·论语集注·述而》，中华书局2011年版，第95页。

(2) 《十三经注疏·论语注疏·卫灵公第十五》卷十五，阮元校刻，中华书局1980年版，第2483页。

(3) 刘宝楠：《论语正义》，中华书局2007年版，第274页。

(4) 杨伯峻：《论语译注》，中华书局1980年版，第73页。

(5) 李泽厚：《论语今读》，三联书店2008年版，第211页。

(6) 比如，孙钦善的解释是：“文化技艺，礼仪实践，待人忠诚，办事信实。”（参见《论语本解》，三联书店2009年版，第87页。）来可泓的解释是：“古代文献，社会实践，忠诚老实，守信遵约。”（参见《论语直解》，复旦大学出版社1997年版，第191页。）

颢、程颐的解说实为同语反复，没有深入揭示出“文、行、忠、信”四教的具体含义。邢昺的解释是泛泛之论；刘宝楠的评论也有宽泛且带牵强附会之嫌，把《中庸》所言的博学、审问、慎思、明辨等学习方法层面的概念叠加于孔子的“文”之教当中。而杨伯峻的译介增文添字，在“文、行、忠、信”四大教育概念上分别附加“历代”“社会生活”“对待别人”“与人交际”这样的字眼，使“文、行、忠、信”固有而特定的丰富内涵被大大削弱。

我们应当结合《论语》的具体语境，并与孔子所处时代的经济、文化、政治及其社会诸因素密切联系在一起，这样才能透彻地把握和理解“文、行、忠、信”的教育意蕴。析而言之，孔子的“文”之教主要指《诗》《书》《礼》《乐》《春秋》《易》等文献或学识的习得。“行”之教主要指由学“文”而落于实处的行为以及社会实践，躬行所学的道德自觉与道德践履教育。“忠”和“信”两者，不仅仅是孔子所强调的关涉主体自身的道德教育范畴，同时也是自身与他人相联系的道德教育关系范畴。“忠”和“信”两教是对人的品格教育的内在基础。统而言之，“文、行、忠、信”四教的内容及作用是相辅相成的，其中蕴含着德智相济、以德驭智的教育价值取向。孔子非常重视西周以来的《诗》《书》《礼》《乐》等书本形态的传统历史文献，他本人耗尽一生去学习这些典籍知识，“好古，敏以求之者也”[1]。不仅如此，他还拿它们作为教育学生的教材，诚如司马迁所言：“孔子

（1） 朱熹：《四书章句集注・论语集注・述而》，中华书局 2011 年版，第 94 页。

以《诗》《书》《礼》《乐》教，弟子盖三千焉，身通六艺者七十有二人。”[1]在孔子看来，以《诗》《书》《礼》《乐》等历史典籍为核心的“文”是体现传统知识和培养君子德行的重要媒介。一个君子如果言之无“文”，势必“行”之不远。换言之，依据孔子的意见，无论君子的道德培养还是知识习得，都无法离开已有的传统典籍知识的教学。明乎此，就不难理解“文”之教何以居于“文、行、忠、信”四教之首了。若就人类文明历史发展的长河来说，“文”也可理解为前人日积月累所积淀形成的一切文化知识，是值得人们珍惜的精神财富。孔子之所以堪称中国教育史上第一个伟大的教育家，实与他努力把传授西周以来的历史典籍知识视为自己的首要任务息息相关。可以说，弄不清楚孔子“文”之教的内涵及其意义，则难以深入认识孔子的教育价值取向，也难以厘清孔子之后的儒家整体教育发展走向。

那么，孔子的“文”之教的内容到底有哪些，是否限定在司马迁所讲的“孔子以《诗》《书》《礼》《乐》教”和刘宝楠所认定的“‘文’谓《诗》《书》《礼》《乐》”？孔子自己所撰的《鲁国春秋》和所赞赏的《易》，在不在“文”之教的范围内呢？下面，我们就结合《论语》的语境和有关文献资料展开对孔子“文”之教的考证和辨析。

在考辨孔子“文”之教之前，有必要先对《论语》涉及的“文”字用法与意义有所了解。《论语》提到“文”字的地方有28处，共42次。全书共20篇，其中13篇都提到了“文”，《论语·公治长》

(1) 司马迁：《史记·孔子世家》，中华书局2011年版，第1734页。

提到的次数最多，共8次。"文"字的用法共有三种：作名词用、作动词用、作形容词用。当作名词用的次数最多，约占90%；当作动词与形容词用的次数较少。在古代汉语中，"文"的本义是指线条交错的图形、花纹或者纹理，引申义则包括语言文字在内的文辞象征符号和典章制度，还引申出修饰加工、文德教化等诸多含义，而《论语》中"文"字的意义有多种解释。分别列举陈述如下。

一、"文"字的用法

1. 作名词用

（1）子曰："弟子入则孝，出则弟，谨而信，泛爱众而亲仁。行有余力，则以学文。"[1]

（2）子曰："夏礼吾能言之，杞不足征也；殷礼吾能言之，宋不足征也。文献不足故也，足则吾能征之矣。"[2]

（3）子贡曰："夫子之文章，可得而闻也；夫子之言性与天道，不可得而闻也。"[3]

（4）子贡问曰："孔文子何以谓之文也？"子曰："敏而好学，不

（1） 朱熹：《四书章句集注·论语集注·学而》，中华书局2011年版，第51页。
（2） 朱熹：《四书章句集注·论语集注·八佾》，中华书局2011年版，第63页。
（3） 朱熹：《四书章句集注·论语集注·公冶长》，中华书局2011年版，第77页。

耻下问，是以谓之文也。”[1]

（5）子曰：“臧文仲居蔡，山节藻棁，何如其知也？”[2]

（6）子张问曰：“令尹子文三仕为令尹，无喜色；三已之，无愠色。旧令尹之政，必以告新令尹。何如？”子曰：“忠矣。”曰：“仁矣乎？”曰：“未知，焉得仁？”“崔子弑齐君，陈文子有马十乘，弃而违之。至于他邦，则曰：‘犹吾大夫崔子也。’违之。之一邦，则又曰：‘犹吾大夫崔子也。’违之。何如？”子曰：“清矣。”曰：“仁矣乎？”曰：“未知。焉得仁？”[3]

（7）季文子三思而后行。子闻之，曰：“再，斯可矣。”[4]

（8）子曰：“质胜文则野，文胜质则史。文质彬彬，然后君子。”[5]

（9）子曰：“君子博学于文，约之以礼，亦可以弗畔矣夫！”[6]

（10）子以四教：文，行，忠，信。[7]

（11）子曰：“文，莫吾犹人也。躬行君子，则吾未之有得。”[8]

（12）子曰：“大哉尧之为君也！巍巍乎！唯天为大，唯尧则之。荡荡乎！民无能名焉。巍巍乎！其有成功也；焕乎，其有文章！[9]

（1） 朱熹：《四书章句集注·论语集注·公冶长》，中华书局 2011 年版，第 78 页。
（2） 朱熹：《四书章句集注·论语集注·公冶长》，中华书局 2011 年版，第 78 页。
（3） 朱熹：《四书章句集注·论语集注·公冶长》，中华书局 2011 年版，第 78—79 页。
（4） 朱熹：《四书章句集注·论语集注·公冶长》，中华书局 2011 年版，第 79 页。
（5） 朱熹：《四书章句集注·论语集注·雍也》，中华书局 2011 年版，第 86 页。
（6） 朱熹：《四书章句集注·论语集注·雍也》，中华书局 2011 年版，第 88 页。
（7） 朱熹：《四书章句集注·论语集注·述而》，中华书局 2011 年版，第 95 页。
（8） 朱熹：《四书章句集注·论语集注·述而》，中华书局 2011 年版，第 97 页。
（9） 朱熹：《四书章句集注·论语集注·泰伯》，中华书局 2011 年版，第 102—103 页。

（13）子畏于匡。曰：“文王既没，文不在兹乎？天之将丧斯文也，后死者不得与于斯文也；天之未丧斯文也，匡人其如予何？”[1]

（14）颜渊喟然叹曰：“仰之弥高，钻之弥坚；瞻之在前，忽焉在后。夫子循循然善诱人，博我以文，约我以礼。欲罢不能，既竭吾才，如有所立卓尔。虽欲从之，末由也已。”[2]

（15）德行：颜渊，闵子骞，冉伯牛，仲弓。言语：宰我，子贡。政事：冉有，季路。文学：子游，子夏。”[3]

（16）棘子成曰：“君子质而已矣，何以文为？”子贡曰：“惜乎！夫子之说，君子也。驷不及舌。文犹质也，质犹文也。虎豹之鞟犹犬羊之鞟。”[4]

（17）子曰：“博学于文，约之以礼，亦可以弗畔矣夫。”[5]

（18）曾子曰：“君子以文会友，以友辅仁。”[6]

（19）子问公叔文子于公明贾曰：“信乎夫子不言、不笑、不取乎？”公明贾对曰：“以告者过也。夫子时然后言，人不厌其言；乐然后笑，人不厌其笑；义然后取，人不厌其取。”子曰：“其然，岂其然乎？”[7]

---

(1) 朱熹：《四书章句集注·论语集注·子罕》，中华书局 2011 年版，第 105 页。
(2) 朱熹：《四书章句集注·论语集注·子罕》，中华书局 2011 年版，第 106 页。
(3) 朱熹：《四书章句集注·论语集注·先进》，中华书局 2011 年版，第 117 页。
(4) 朱熹：《四书章句集注·论语集注·颜渊》，中华书局 2011 年版，第 128 页。
(5) 朱熹：《四书章句集注·论语集注·颜渊》，中华书局 2011 年版，第 130 页。
(6) 朱熹：《四书章句集注·论语集注·颜渊》，中华书局 2011 年版，第 132 页。
(7) 朱熹：《四书章句集注·论语集注·宪问》，中华书局 2011 年版，第 143 页。

（20）子曰："晋文公谲而不正，齐桓公正而不谲。"[1]

（21）公叔文子之臣大夫僎，与文子同升诸公。子闻之曰："可以为文矣。"[2]

（22）子曰："臧文仲其窃位者与？知柳下惠之贤，而不与立也。"[3]

（23）子曰："吾犹及史之阙文也，有马者借人乘之，今亡矣夫！"[4]

（24）卫公孙朝问于子贡曰："仲尼焉学？"子贡曰："文、武之道，未坠于地，在人。贤者识其大者，不贤者识其小者，莫不有文、武之道焉。夫子焉不学？而亦何常师之有？"[5]

2. 作动词用

（1）子路问成人。子曰："若臧武仲之知，公绰之不欲，卞庄子之勇，冉求之艺，文之以礼乐，亦可以为成人矣。"曰："今之成人者何必然？见利思义，见危授命，久要不忘平生之言，亦可以为成人矣。"[6]

（2）子夏曰："小人之过也必文。"[7]

3. 作形容词用

（1）子曰："周监于二代，郁郁乎文哉！吾从周。"[8]

（1） 朱熹：《四书章句集注·论语集注·宪问》，中华书局 2011 年版，第 143 页。
（2） 朱熹：《四书章句集注·论语集注·宪问》，中华书局 2011 年版，第 144 页。
（3） 朱熹：《四书章句集注·论语集注·卫灵公》，中华书局 2011 年版，第 154 页。
（4） 朱熹：《四书章句集注·论语集注·卫灵公》，中华书局 2011 年版，第 156 页。
（5） 朱熹：《四书章句集注·论语集注·子张》，中华书局 2011 年版，第 178—179 页。
（6） 朱熹：《四书章句集注·论语集注·宪问》，中华书局 2011 年版，第 142 页。
（7） 朱熹：《四书章句集注·论语集注·子张》，中华书局 2011 年版，第 176 页。
（8） 朱熹：《四书章句集注·论语集注·八佾》，中华书局 2011 年版，第 65 页。

（2）夫如是，故远人不服，则修文德以来之。既来之，则安之。今由与求也，相夫子，远人不服而不能来也；邦分崩离析而不能守也。而谋动干戈于邦内。吾恐季孙之忧，不在颛臾，而在萧墙之内也。[1]

二、"文"字的含义

（一）作名词用

孔子所谓"文"的基本含义有很多。

作名词用的"文"表示人名、谥号。谥号指古人死后他人依其生前行迹为之所立的称号，即人死之后，他人给予评价的文字。其长短字数不定，或一两字，或二十余字，较为复杂。在古代中国，有地位的人去世之后，他人为了评价其生前的是非功过，选择用谥号来概括。

《论语·公冶长》载：

子贡问曰："孔文子何以谓之文也？"子曰："敏而好学，不耻下问，是以谓之文也。"[2]

（1） 朱熹：《四书章句集注·论语集注·季氏》，中华书局 2011 年版，第 159 页。
（2） 朱熹：《四书章句集注·论语集注·公冶长》，中华书局 2011 年版，第 78 页。

孔文子（即孔圉）是卫国的大夫，他的品德比较好，学问也不错，当然他还是有些不足的，他去世之后，谥号为“文”。因此子贡就问孔子：“为什么孔圉能够得到‘文’的谥号？”孔子说：“孔圉聪明、敏捷、勤奋好学，善于向地位比他低的人主动请教而不感到耻辱，所以他能得到‘文’的谥号。”

《论语·宪问》载：公叔文子之臣大夫僎，与文子同升诸公。子闻之曰：“可以为文矣。”(1)

公叔文子是大夫，他有一家臣叫大夫僎。由于公叔文子的推荐，大夫僎和公叔文子一起被提升为卫国的大臣，孔子听到这事，便说：能够配得上“文”的谥号了。

在这两则材料中，“文”表示人名、谥号。

作名词用的“文”字在《论语》一书中，除了表示人名、谥号之外，还主要有以下几层意思。

1. 文质对举：“文”指文明行为，君子作风

例如：

（1）子曰：“质胜文则野，文胜质则史。文质彬彬，然后君子。”(2)

［微视频］“文”指君子作风、典籍

（2）棘子成曰：“君子质而已矣，何以文为？”子贡曰：“惜乎！夫子之说，君子也。驷不及舌。文犹质也，质

(1) 朱熹：《四书章句集注·论语集注·宪问》，中华书局2011年版，第144页。

(2) 朱熹：《四书章句集注·论语集注·雍也》，中华书局2011年版，第86页。

犹文也。虎豹之鞟犹犬羊之鞟。”[1]

孔子说:“质朴多于文采,就会显得粗俗;而文采多于质朴,又会显得虚伪、浮夸。只有质朴和文采配合得恰当,才能成为一个君子。”“文质彬彬”是孔子所倡导的君子人格的一种内在规定性,跟理想人格有关联,所以孔子认为需要通过修养获得一种文采;而另一方面文质对举,“文”是指文采,亦指君子作风。

2. 文献对举:“文”指典籍,“献”指贤人

例如:

(1)子曰:“夏礼吾能言之,杞不足征也;殷礼吾能言之,宋不足征也。文献不足故也。”[2]

(2)子曰:“吾犹及史之阙文也,有马者借人乘之,今亡矣夫!”[3]

在《论语》中有“文”和“献”组成的词“文献对举”这个“文”是指典籍,主要是历史典籍。而“献”指人,不是书本,因为当时是竹简形态的典籍。孔子所言“文献不足故也”,这里“文”,是指典籍,而“献”是指贤人。在“吾犹及史之阙文也”中的“阙文”,就是指孔子在看史籍的过程中,有疑问、有空缺的地方,即史料有空白的地方,文史资料不足。这个“文”就是指典籍。

(1) 朱熹:《四书章句集注·论语集注·颜渊》,中华书局2011年版,第128页。
(2) 朱熹:《四书章句集注·论语集注·八佾》,中华书局2011年版,第63页。
(3) 朱熹:《四书章句集注·论语集注·卫灵公》,中华书局2011年版,第156页。

3. 文、道对举，文、礼对举：“文”指文化

例如：

（1）子贡曰：“夫子之文章，可得而闻也；夫子之言性与天道，不可得而闻也。”[1]

（2）子曰：“君子博学于文，约之以礼，亦可以弗畔矣夫！”[2]

（3）夫子循循然善诱人，博我以文，约我以礼。[3]

子贡说：“老师讲的《诗》《书》《礼》《乐》等书本形态知识，我们经常用耳朵听就能够学到；但是老师所讲的人性理论、天道理论，好像我们光听是搞不懂的，更不要说去发挥、继承了。”这里“文”与“道”对举，“文”指文化知识。而博文约礼，强调君子广泛、主动地学习各种各样的文化知识，要用礼制来约束自己。这里“文”“礼”对举，“文”指文化。

4. 文野对举：“文”指社会文明状态，礼乐之邦

例如：

（1）子曰：“大哉尧之为君也！巍巍乎！唯天为大，唯尧则之。荡荡乎！民无能名焉。巍巍乎！其有成功也；焕乎，其有文章！”[4]

（2）子畏于匡。曰：“文王既没，文不在兹乎？天之将丧斯文也，后死者不得与于斯文也。”[5]

（1）朱熹：《四书章句集注·论语集注·公冶长》，中华书局2011年版，第77页。
（2）朱熹：《四书章句集注·论语集注·雍也》，中华书局2011年版，第88页。
（3）朱熹：《四书章句集注·论语集注·子罕》，中华书局2011年版，第106页。
（4）朱熹：《四书章句集注·论语集注·泰伯》，中华书局2011年版，第102—103页。
（5）朱熹：《四书章句集注·论语集注·子罕》，中华书局2011年版，第105页。

5. 与德行、言语、政事对举的“文学”：通晓诗、书、礼、乐等古代文献

例如：“文学：子游，子夏。”(1)

（二）作动词用

作动词用的“文”字在《论语》中，主要有掩饰、掩盖、修饰的意思。例如：

（1）子路问成人。子曰：“若臧武仲之知，公绰之不欲，卞庄子之勇，冉求之艺，文之以礼乐，亦可以为成人矣。”曰：“今之成人者何必然？见利思义，见危授命，久要不忘平生之言，亦可以为成人矣。”(2)

（2）子夏曰：“小人之过也必文。”(3)

（三）作形容词用

作形容词用的“文”字在《论语》中，主要有美好的、完美的意思。例如：

夫如是，故远人不服，则修文德以来之。既来之，则安之。(4)

［微视频］“文”之教的含义

在上述诸种含义中，凡对弟子所论，都不无“文”之教的含义。“文”之教概括起来有两个方面的含义。一个方面是指有关《诗》《书》《礼》《乐》的学问；另一方面是指跟书

(1) 朱熹：《四书章句集注·论语集注·先进》，中华书局2011年版，第117页。
(2) 朱熹：《四书章句集注·论语集注·宪问》，中华书局2011年版，第142页。
(3) 朱熹：《四书章句集注·论语集注·子张》，中华书局2011年版，第176页。
(4) 朱熹：《四书章句集注·论语集注·季氏》，中华书局2011年版，第159页。

有关的包括礼乐制度、礼乐规范和礼乐修养方面的教育活动。这两个方面的核心都是围绕礼乐的，我们通常说中国是礼乐之邦。礼乐文明是孔子的思想核心所在。可见，“文之教”所指的不仅仅包括《诗》《书》《礼》《乐》等文献形态的学问，它还有另外一个方面，就是礼乐的推行与礼乐的传统学习和创新。孔子的“文”之教，旨在知识的习得和德性的养成。孔子认为，要习得渊博的知识和理想的德性，重视对“先王之遗文”的学习是非常重要的环节。而“先王之遗文”，又无外乎《诗》《书》《礼》《乐》这些西周以来的传统典籍。因此，孔子根据“述而不作”“敬鬼神而远之”“宣扬仁学”的教材编订思想，编订出《诗》《书》《礼》《乐》《易》《春秋》六本教材，以教导学生从中习得鸟兽虫鱼的自然知识，学得待人接物的生活智慧。

《诗》教在孔子的“文”之教中占有十分重要的地位。孔子通过解《诗》、说《诗》，提出“兴、观、群、怨”的《诗》教主张，倡导“温柔敦厚”的人格修养。《论语》论《诗》、引《诗》之处多达20次，见于《学而》篇的有1次，见于《为政》篇的有1次，见于《八佾》篇的有4次，见于《述而》篇的有1次，见于《泰伯》篇的有3次，见于《子罕》篇的有2次，见于《先进》篇的有1次，见于《子路》篇的有1次，见于《卫灵公》篇的有1次，见于《季氏》篇的有2次，见于《阳货》篇的有3次。

其中富有教学意味的甚多，而具有典型教育意义的莫过于《学而》篇记载的孔子对子贡进行《诗》教的案例：

子贡曰："贫而无谄，富而无骄，何如？"子曰："可也。未若贫而乐，富而好礼者也。"(1)

子贡曰："《诗》云：'如切如磋，如琢如磨。'其斯之谓与？"子曰："赐也，始可与言《诗》已矣！告诸往而知来者。"(2)

还有《八佾》篇中所载的孔子对子夏进行《诗》教的案例：

子夏问曰："'巧笑倩兮，美目盼兮，素以为绚兮。'何谓也？"子曰："绘事后素。"曰："礼后乎？"子曰："起予者商也！始可与言《诗》已矣。"(3)

当然，最令人印象深刻的乃是孔子的儿子孔鲤和孔子的弟子陈亢之间的一场对话：

陈亢问于伯鱼曰："子亦有异闻乎？"对曰："未也。尝独立，鲤趋而过庭。曰：'学《诗》乎？'对曰：'未也。''不学《诗》，无以言。'鲤退而学《诗》。他日又独立，鲤趋而过庭。曰：'学礼乎？'对曰：'未也。''不学礼，无以立。'鲤退而学礼。闻斯二者。"陈亢退而喜曰："问一得三，闻《诗》，闻礼，又闻君子之远其子也。"(4)

孔子倡言"兴于《诗》，立于礼，成于乐"(5)，强调《诗》、礼、乐三位一体对于理想人格养成的重要性。在孔子看来，学《诗》可以激发

(1) 朱熹：《四书章句集注·论语集注·学而》，中华书局2011年版，第54页。

(2) 朱熹：《四书章句集注·论语集注·学而》，中华书局2011年版，第54页。

(3) 朱熹：《四书章句集注·论语集注·八佾》，中华书局2011年版，第63页。

(4) 朱熹：《四书章句集注·论语集注·季氏》，中华书局2011年版，第162页。

(5) 朱熹：《四书章句集注·论语集注·泰伯》，中华书局2011年版，第100页。

人们的想象力，可以了解民间的风俗习惯，可以使自己和周边的人和谐相处，也可以用来抒发怨恨的情绪。从眼前来讲，可以用《诗》中的道理来侍奉父母；从长远来讲，可以用《诗》中的道理来侍奉君主。从《诗》中人们还可以获得很多鸟兽虫鱼等自然常识。

但相形而言，对于“文”之教中的：《书》教，在《论语》中仅见3次涉及，其中颇具教育教学意义的是《为政》篇里出现的：“《书》云：‘孝乎惟孝，友于兄弟，施于有政。’是亦为政，奚其为为政？”[(1)]显示孔子最关心的是《尚书》中所蕴藏的“孝悌”人伦道理。尽管《论语》只有3次提到《书》，使我们很难考证孔子当时实施《书》教的具体情形，但《为政》篇这一则材料，可以折射出孔子《书》教的风采。《书》，即《尚书》，指春秋以前的官方政治历史资料汇编，记载了夏、商、周三代的重要史实；相传有百篇，今存28篇。学习《书》的目的不单单是为了习得历史知识，更重要的是领会其中如何以伦理精神来治理国家政事。所以，司马迁指出：“序《书传》，上纪唐虞之际，下至秦缪，编次其事。”[(2)]认为孔子从《夏书》《商书》《周书》等择取史料是以垂事立教、政教合一为标准的。

[微视频]
《书》之教

孔子主张“文”之教，不仅重视《诗》教、《书》教，也非常重视

（1） 朱熹：《四书章句集注·论语集注·子罕》，中华书局2011年版，第60页。

（2） 司马迁：《史记·孔子世家》，中华书局2011年版，第1732页。

“礼”教。“礼”作为社会规范和个体修养，比《诗》《书》二者更为重要。“礼”贯内通外，包罗万象，具有兼赅本末的功效。就“末”的层面来讲，“礼”是具体的礼乐条文呈现，也就是人皆可视的典章制度与可为的行为规范；但就“本”的层面来讲，“礼”则是隐然抽象的礼之原理，亦即孔子所言的仁学。可以说，“礼”在孔子的理想人格中是一个不可或缺的立足点。

“礼”的条文会随着时代、环境以及对象的不同而有所改变。但“礼”的原理，却不会因为时代、环境与对象的改变而有所损益。所以学为君子的人，必须通过“礼”的条文并体悟“礼”的原理，化他律为自律，作为待人接物的处世准则，做到“己欲立而立人，己欲达而达人”。因此，按照孔子礼教的观点，“立于礼”标志着君子理想人格的实现。孔子本人自谓“十有五而志于学”的“学”，主要指的就是“学礼”，其所谓“三十而立”的“立”，亦即“知礼”，成己达人。然而，君子理想人格的完满实现，不但需要以仁释礼的理论支撑以及行动落实，而且需要在实践中以音乐等艺术陶冶，《论语·阳货》记录了一则有关乐教的事例：

子之武城，闻弦歌之声。夫子莞尔而笑，曰：“割鸡焉用牛刀？”子游对曰：“昔者偃也闻诸夫子曰：‘君子学道则爱人，小人学道则易使也。’”子曰：“二三子！偃之言是也。前言戏之耳。”[1]

---

(1) 朱熹：《四书章句集注·论语集注·阳货》，中华书局2011年版，第164页。

这段对话表现出孔子对子游施展乐教治理城邑的欣慰之情。乐教是音乐、诗歌、舞蹈三者齐备的艺术审美教育。孔子认为，艺术是人格修养最后完成的最佳路径。他主张德育和美育相结合，反对在“礼”“乐”教育中只是注意外在的仪式仪规训练而忽视内在的仁德内容培养的形式主义倾向。他大声疾呼：“礼云礼云，玉帛云乎哉？乐云乐云，钟鼓云乎哉？”(1)“人而不仁，如礼何？人而不仁，如乐何？”(2)强调“礼”“乐”若离开“仁”的内容实质，就会沦为由玉帛钟鼓所表现的形式主义。这样，缺乏“仁”的支撑的礼乐仪式，无疑便成为矫情、伪饰的躯壳，不仅无法成就教育的目的，甚至会导致虚伪奸猾的不良社会现象普遍产生。所以，孔子强烈主张《诗》、“乐”能够“乐而不淫，哀而不伤”(3)，以达一种中和之美；表示对“恶紫之夺朱也，恶郑声之乱雅乐也，恶利口之覆邦家者(4)”三种社会现象的憎恶，即憎恶紫色取代了真正的红色，憎恶郑国淫乱的音乐把正统优美的音乐低俗化，憎恶用强嘴利舌颠覆国家的人。孔子正是本着提倡雅乐、反对淫乐这一乐教原则，谆谆教导颜回“乐则《韶》舞。放郑声，远佞人。郑声淫，佞人殆”(5)，希望颜回不要被靡靡之音扰乱心绪，而要养成匹夫不可夺志的“孔颜乐处”的人格精神。

---

(1) 朱熹：《四书章句集注·论语集注·阳货》，中华书局 2011 年版，第 166 页。
(2) 朱熹：《四书章句集注·论语集注·八佾》，中华书局 2011 年版，第 62 页。
(3) 朱熹：《四书章句集注·论语集注·八佾》，中华书局 2011 年版，第 66 页。
(4) 朱熹：《四书章句集注·论语集注·阳货》，中华书局 2011 年版，第 167 页。
(5) 朱熹：《四书章句集注·论语集注·卫灵公》，中华书局 2011 年版，第 154 页。

阅读《论语》，人们不难找出孔子对弟子进行《诗》教、“礼”教和“乐”教的许多事例。“礼”教和“乐”教不仅包含《礼》《乐》两本典籍，也包含与之相关的实践层面的知识和技能。《乐》指《乐经》，是儒家的一本基本典籍。《论语》谈论《乐》还是比较多的。比如孔子评价郑国这个地方，靡靡之音比较多。“郑声淫”。他最喜欢听比较文雅的、典雅的乐，譬如《韶乐》《武乐》。孔子在齐闻《韶》，三月不知肉味！听音乐如痴如醉。因为他认为音乐这种活动可以提高人的修养和精神境界。《论语》记载，颜回问为邦，孔子回答说：“行夏之时，乘殷之辂，服周之冕，乐则《韶》《舞（武）》。放郑声，远佞人。郑声淫，佞人殆。”意思是说，采用夏朝的历法，坐车子要乘坐殷朝的车子，戴帽子要戴周朝的礼帽；学习音乐，就要学习舜帝时代的乐曲，《韶乐》是高雅的；而要摈弃郑国的乐曲，郑国是靡靡之音，靡靡之音很多，会乱人心志，使人沉迷，一蹶不振。佞人是指花言巧语的小人。所以他评价郑国这个地方的音乐浮夸，不正派，民间小调，不入流，要远离它们。

以此来看，刘宝楠指明“《诗》《书》《礼》《乐》”为“文”之教的内容，是有充分证据的，但他的“文”之教仅仅局限于“《诗》《书》《礼》《乐》”四者，是有失偏颇，不够严谨和周延。因为对《论语》展开深入的考察，并结合相关文献资料的分析，就可发现孔子的“文”之教还应包括《易》和《春秋》两教。

《易》，又名《周易》，是一部堪称中华文明智慧之源的典籍。孔子很喜欢阅读《易》。司马迁说："孔子晚而喜《易》"，"读《易》，韦编三绝"[1]。韦编，是用皮带贯穿的书简；三绝，是指贯穿书简的皮带断了多次。司马迁的表述应该是言之有据的。旧传孔子给《易》作了《十翼》，即《易传》，是十篇关于解释《周易》的著作。据《左传》《国语》记载，春秋时代人们引《易》占卜论事的就有20多条。通晓《易》的有周、鲁、卫、郑、晋、齐、秦等国人物，不仅卜官、史官谈论《易》，一般贵族甚至贵妇人也会讨论《易》，像鲁国穆姜夫人就时常大谈《易》。孔子生活在春秋后期，凭他的博学和阅历，不可能不学习《易》并阐发《易》的义理。在《论语·述而》中就有孔子学习《易》的记录："子曰：'加我数年，五十以学《易》，可以无大过矣。'"[2]孔子自谓50岁时开始学习《易》就可以不犯大错的话语，鲜明地反映出对《易》学习的重视程度。

此外，《论语·子路》还记录了一段关于孔子对"恒"德的评价：

子曰："南人有言曰：'人而无恒，不可以作巫医。'善夫！""不恒其德，或承之羞。"子曰："不占而已矣。"[3]

在《易》的64卦中，"恒卦"的要义是教人始终如一、恒常不已。君子观此卦象，应该持之以恒地修养德行。孔子在这里引用《易·恒卦》的九三爻辞，意在论述反复无常的人，缺乏恒心，是没有什么好结果的，好比南方人说如果缺乏恒的美德，就不要去做巫师和医生。

(1) 司马迁：《史记·孔子世家》，中华书局2011年版，第1733页。
(2) 朱熹：《四书章句集注·论语集注·述而》，中华书局2011年版，第94页。
(3) 朱熹：《四书章句集注·论语集注·子路》，中华书局2011年版，第138—139页。

由此也可看出孔子对健康的重视及对生命的尊重。孔子还强调不能恒久保持其美德，或将蒙受由此而来的羞辱。长沙马王堆帛书《二厽子》有这样的记载：

[卦]曰：不恒亓德，[或]承之忧，贞藺。孔子曰：此言小人知善而弗为，攻进而无止，损几则□择矣，能[无藺乎]？

孔子从妇人引申为小人，不恒守其德，不能久于其所是"知善而弗为"，正如孔子在《论语·述而》中所说："善人，吾不得而见之矣；得见有恒者，斯可矣。"(1) 综合孔子这两个方面的阐述，我们可以看出孔子在教导人们在追求事业和修养品德的过程中必须坚持不懈、持之以恒。

《史记·仲尼弟子列传》还记载，孔子将《易》传授给鲁国弟子商瞿，并一代代直传至汉初："孔子传《易》于瞿，瞿传楚人馯臂子弘，弘传江东人矫子庸疵，疵传燕人周子家竖，竖传淳于人光子乘羽，羽传齐人田子庄何，何传东武人王子中同，同传菑川人杨何。何元朔中以治《易》为汉中大夫。"(2) 马王堆汉墓出土的帛书《周易》残卷附录，也记载了孔子与其弟子子贡等人研讨《易》理的问答。这些都充分证明了孔子在晚年不仅喜读《易》，而且深研《易》，也的确讲授过《易》。

《春秋》是孔子目睹当时社会"世道衰微，邪说暴行有作，臣弑

(1) 朱熹：《四书章句集注·论语集注·述而》，中华书局2011年版，第95页。

(2) 司马迁：《史记·仲尼弟子列传》，中华书局2011年版，第1958页。

其君者有之，子弑其父者有之”[1]，依据鲁国史官记录，按照鲁国国君世系加以整理编订而成的。孔子在《春秋》中正名分，寓褒贬，明善恶，将它视为一部提纲挈领的历史教材，教授弟子，并对弟子表白：“后世知丘者以《春秋》，而罪丘者亦以《春秋》。”[2]指出：要理解我的人，只有通过《春秋》；要指责我的人，也只有通过《春秋》。这是孔子对所作《春秋》发出的由衷之言。孔子传授的《春秋》，经战国而风靡于汉。后世解释《春秋》的有五家，即：左氏、公羊氏、谷梁氏、邹氏、夹氏。存世者仅《左氏传》《公羊传》《谷梁传》，被称为“春秋三传”。

司马迁在《史记·孔子世家》中断言：

子曰：“弗乎弗乎，君子病没世而名不称焉。吾道不行矣，吾何以自见于后世哉？”乃因史记作《春秋》，上至隐公，下讫哀公十四年，十二公。据鲁，亲周，……《春秋》之义行，则天下乱臣贼子惧焉。”[3]

“孔子在位听讼，文辞有可与人共者，弗独有也。至于为《春秋》，笔则笔，削则削，子夏之徒不能赞一辞。弟子受《春秋》，孔子曰：‘后世知丘者以《春秋》，而罪丘者亦以《春秋》。’”[4]

这段话语具体描述了孔子编订《春秋》的过程，指明子夏等弟子

（1）《孟子·滕文公下》，杨伯峻注，中华书局 2012 年版，第 164—165 页。
（2）司马迁：《史记·孔子世家》，中华书局 2011 年版，第 1739 页。
（3）司马迁：《史记·孔子世家》，中华书局 2011 年版，第 1738 页。
（4）司马迁：《史记·孔子世家》，中华书局 2011 年版，第 1739 页。

授受《春秋》的情形。沿循司马迁的看法，近代著名学者皮锡瑞在《经学历史》中得出这样的结论：“据此，则孔子编订六经，《书》与《礼》相通，《诗》与《乐》相通，而《礼》《乐》又相通。《诗》《书》《礼》《乐》教弟子三千，而通六艺者七十二人。则孔门设教，犹乐正四术之遗，而《易》《春秋》非高足弟子莫能通矣。”[1]应该说，皮锡瑞说“《易》《春秋》非高足弟子莫能通矣”，即孔子只向少数高明弟子教授《易》《春秋》这两部经书，是十分中肯的。

综上所述，孔子的“文”之教，应该包含《诗》《书》《礼》《乐》《易》《春秋》六经及其有关的理论知识和经验知识的传授和习得。孔子的“文”之教，与今人所谓的智育相类似，是以《诗》《书》《礼》《乐》《易》《春秋》为核心教材，教人依照《诗》的精神去践行，做到言行举止温柔敦厚；依照《书》的精神去践行，做到以史为鉴，以免重蹈覆辙；依照《礼》的精神去践行，做到非礼勿视，非礼勿动，非礼勿言，非礼勿听；依照《乐》的精神去践行，做到愉悦，以达“孔颜乐处”；依照《易》的精神去践行，做到自强不息，厚德载物；依照《春秋》的精神去践行，做到褒贬善恶，臧否分明。总之，孔子的“文”之教，旨在教人掌握为人处世的文化学识，以作为进一步“躬行实践”的依据，努力成为文质彬彬的君子。

（1） 皮锡瑞：《经学历史》，中华书局 2008 年版，第 20 页。

“行”之教

孔子固然很重视“文”之教，但他更重视“行”之教。两相比较，孔子认为“行”要比“文”更重要些，所以他主张“行有余力，则以学文”[1]，还极力倡言“学而时习之”[2]。这当中所讲的“习”，是强调要将所学到的文化知识和做人的道理落实于行动之中。换言之，孔子此处所谓的“习”，不仅仅是带有复习的意思，更多偏重实习、实践的意义，亦即在伴随与“文”之教息息相关的为学过程中的各种社会行为，带有“行”的含义。

以往学界对“行”之教中的“行”释义，多为“行为、躬行、实践”[3]，有的学者将“行”与道德关联，比如现代学者钱穆把它解释为“道德行事”。前人对“行”的解释不无一定道理，但难免有局限。若要准确而透彻地把握“行”之教的含义，需先从《论语》的语境入手。

《论语》提到“行”字有58处。“行”在不同的语境当中，共出现了82次，频率非常高，其中当作动词用所占次数最多，其次是名词，最后是形容词。这82次“行”的用法主要有以下三种：

（1） 朱熹：《四书章句集注·论语集注·学而》，中华书局2011年版，第51页。
（2） 朱熹：《四书章句集注·论语集注·学而》，中华书局2011年版，第5页。
（3） 例如：清代刘宝楠解释为“躬行”（参见《论语正义》，中华书局1990年版，第274页）；杨伯峻解释为“社会生活的实践”（参见《论语释注》，中华书局2009年版，第71页）。

（1）当作动词用。例如：

“子贡问君子。子曰：‘先行其言而后从之。’”[(1)]

“子曰：‘放于利而行，多怨。’”[(2)]

（2）当作名词用。例如：

子曰：“君子欲讷于言而敏于行。”[(3)]

子曰：“始吾于人也，听其言而信其行；今吾于人也，听其言而观其行。于予与改是。”[(4)]

（3）当作形容词用，例如：

闵子侍侧，訚訚如也；子路，行行如也；冉有、子贡，侃侃如也。子乐。“若由也，不得其死然。”[(5)]

对于“行”的含义主要有五种解释，分别为：做、走路、离开、行为、行得通。

（1）解释为“做”，例如：

有子曰：“礼之用，和为贵。先王之道斯为美，小大由之。有所不行，知和而和，不以礼节之，亦不可行也。”[(6)]

（2）解释为“走路”，例如：

颜渊死，颜路请子之车以为之椁。子曰：“才不才，亦各言其子也。

(1) 朱熹：《四书章句集注·论语集注·为政》，中华书局 2011 年版，第 58 页。
(2) 朱熹：《四书章句集注·论语集注·里仁》，中华书局 2011 年版，第 71 页。
(3) 朱熹：《四书章句集注·论语集注·里仁》，中华书局 2011 年版，第 73 页。
(4) 朱熹：《四书章句集注·论语集注·公冶长》，中华书局 2011 年版，第 76—77 页。
(5) 朱熹：《四书章句集注·论语集注·先进》，中华书局 2011 年版，第 119 页。
(6) 朱熹：《四书章句集注·论语集注·学而》，中华书局 2011 年版，第 53 页。

鲤也死，有棺而无椁。吾不徒行以为之椁。以吾从大夫之后，不可徒行也。”[1]

（3）解释为“离开”，例如：

卫灵公问陈于孔子。孔子对曰：“俎豆之事，则尝闻之矣；军旅之事，未之学也。”[2]

（4）解释为“行为”，例如：

子曰：“父在，观其志；父没，观其行；三年无改于父之道，可谓孝矣。”[3]

（5）解释为“行得通”，例如：

子曰：“道不行，乘桴浮于海。从我者其由与？”子路闻之喜。子曰：“由也好勇过我，无所取材。”[4]

在孔子的“文、行、忠、信”四教之中，“行”被列于“文”的后面，但这并不意味着“文”比“行”更重要。“行”需要理性认识的“文”来引领，而切实有效的“行”才能成就君子之境。但就落实于教育层面来审视，孔子所谓的“行”既指有益于社会的实践活动，也指合乎道德的个人行为。

孔子经常在具体的实践领域讨论个人行为的教育原则与方法，强调个人在行为上，应多观察他人的言行举止，相观取善，防微杜渐，然

（1） 朱熹：《四书章句集注 · 论语集注 · 先进》，中华书局 2011 年版，第 118 页。
（2） 朱熹：《四书章句集注 · 论语集注 · 卫灵公》，中华书局 2011 年版，第 151 页。
（3） 朱熹：《四书章句集注 · 论语集注 · 学而》，中华书局 2011 年版，第 53 页。
（4） 朱熹：《四书章句集注 · 论语集注 · 公冶长》，中华书局 2011 年版，第 76 页。

后谨慎去做自己有把握的事情，这样才能减少自己的后悔。

子张学干禄。子曰："多闻阙疑，慎言其余，则寡尤；多见阙殆，慎行其余，则寡悔。言寡尤，行寡悔，禄在其中矣。"[1]

子张是孔子的一个爱徒，也是孔门里面一个比较有出息的学生，他姓颛孙，名师，字子张。这则师徒对话表达出什么意思呢？子张学习出类拔萃，他想学以致用，就问老师怎样做才能谋求到一个好的官职。孔子这样说道："多闻阙疑，慎言其余，则寡尤。"[2]这句话是什么意思？就是一个人想要谋求到一个好的官职，要多多听取别人的意见，有疑问的地方暂时搁置一边，而对其他足以有把握的部分要谨慎地说出来，这样做才能够减少错误。孔子进一步点拨："多见阙殆，慎行其余，则寡悔。"[3]孔子认为，要多看看别人是怎么做事情的，如果有不理解的事情先放在一旁，而对其他有把握的就要踏实、谨慎地去做，这样对所做的事情也才很少感到后悔。在这则对话当中，孔子是把"慎行其余"和"行寡悔"联系在一起的。"慎行其余"中的"行"主要指实践，具体去做；而"行寡悔"中的"行"主要指行为。透过针对子张的教育，孔子强调一个富于智慧的人总是能善于把握自己行为的界限，让自己时刻保持恰如其分的状态。当然，一个人的言行举止也不能过于拘谨。假如对于要去处理的事情已经胸有成竹，就可付诸实践，千万不可犹豫不决、瞻前顾后，而致可成之事付之东流。

（1） 朱熹：《四书章句集注·论语集注·为政》，中华书局 2011 年版，第 59 页。

（2） 朱熹：《四书章句集注·论语集注·为政》，中华书局 2011 年版，第 59 页。

（3） 朱熹：《四书章句集注·论语集注·为政》，中华书局 2011 年版，第 59 页。

再看一则材料：

“见善如不及，见不善如探汤。吾见其人矣，吾闻其语矣。隐居以求其志，行义以达其道。吾闻其语矣，未见其人也。”[1]

这则材料出现在《论语·季氏》的第11章，意思是说看到好人做好事，唯恐自己达不到这样的境界，所以就拼命地去学习、去追赶；看到坏人做坏事，就好像把手伸入开水当中一样。所谓“汤”，当理解为开水，不是现在我们所谓的菜汤、肉汤。“吾见其人矣，吾闻其语矣”，即如果看到这样的人也听到这样的话……。什么话什么人呢？就是前面所说的好人坏人。“隐居以求其志，行义以达其道”，就是说，远离城市，用隐居的方式来保全自己的人生志向，依照道德礼仪来实行自己的主张。孔子说：我听到过这样的话却没见到过这样的人。其中“行义以达其道”中的“行”也是实践之意。

虽然孔子反复强调“文”“行”相互结合，但如果对他所说的“文”和“行”两教进行深入探讨，就会发现实际上孔子更强调“行”，主张在实践中学习。在现实生活中，有不少道理是不需要通过书本知识的学习就能明白的。因为在日常的人际交往中，只要随时观察，扬人之长，避己所短，可学之处则俯拾皆是。诚如孔子指出的那样：“见贤思齐焉，见不贤而内自省也。”[2]认为见到贤人，就主动向他看齐，尽力使得自己养成像他一样的品行；而看到不贤的人，就自觉

（1） 朱熹：《四书章句集注·论语集注·季氏》，中华书局2011年版，第161—162页。
（2） 朱熹：《四书章句集注·论语集注·里仁》，中华书局2011年版，第72页。

反省自身。“三人行，必有我师焉。择其善者而从之，其不善者而改之。”[1]虚心向他人学习，不仅以善者为师，而且以不善者为师，从正、反两方面进行对比，不断地修身养性。总之，在实践中时时有老师，处处有善行，只要用心，肯于实践，就一定会学有所获。不但如此，还能从中学到更多的知识和道理。

当然，这并不是说，实践完全可以代替“文”。所谓“文”之教的“文”，是孔子用来教育学生的核心内容，不仅要融会贯通，而且得学以致用。用孔子教导子路的话来说，就是要“升堂”，还必须“入室”。在孔子看来，学习的出发点和归宿点都在于“行”。衡量学习优劣之别的标准，也在于“行”。所以，孔子主张把“文”和“行”两者结合起来，并把“行”置于首要地位。学“文”难，“行”之更难。他清醒地看到自己在《诗》《书》《礼》《乐》《易》《春秋》方面文献知识的长处，也看到了自己在躬行实践方面的不足，由衷地说道：“文，莫吾犹人也。躬行君子，则吾未之有得。”[2]表明自己在文献知识上的学问，大约同别人差不多，而身体力行地做一个君子，那还没有达到。由此可见，孔子对“行”是多么重视。

孔子在自省自勉的同时，时时不忘勉励弟子们在“行”方面多多努力。他说：“二三子以我为隐乎？吾无隐乎尔。吾无行而不与二三子者，是丘也。”[3]在日常的教学过程中，有的弟子感觉老师学问那么

（1） 朱熹：《四书章句集注 · 论语集注 · 述而》，中华书局 2011 年版，第 95 页。
（2） 朱熹：《四书章句集注 · 论语集注 · 述而》，中华书局 2011 年版，第 97 页。
（3） 朱熹：《四书章句集注 · 论语集注 · 述而》，中华书局 2011 年版，第 95 页。

大，但教给他们的不多，是不是留有一手？孔子发现这种情况之后，语重心长地讲道："你们这些弟子以为我有所隐瞒吗？我没有什么隐瞒你们的啊！我没有任何行为不对你们这些弟子公开的，这正是我孔丘的独特之处。"针对有的弟子怀疑自己于教有隐，孔子用一个"行"字强调他本人没有任何隐瞒，其中别有一番深意。此种深意即在于提醒弟子们不要尽在"文"上倾注所有精力，埋首于简牍学问的高远，而应学以致用，从躬行践履的社会实践上求真求实，努力做到言行一致，成为一个有德行的君子。

在孔子一生的教育教学生涯中，他对那些言而不行的人是持否定态度的。因为他认为教育的本真意义是教人懂得如何成为一个君子，而君子的一个重要特质就是要言行一致。他指出："君子耻其言而过其行。"(1)君子以嘴里说的超过实际做的为耻，即以说得多而做得少为耻。在孔子看来，说得容易做起来难。因此，他反对说空话、说大话："其言之不怍，则为之也难。"(2)一个人如果大言不惭，那他行动上、做起来，则难以落实他所说的话。在《论语》中，孔子有关言行一致的教育话语还有不少，譬如："子曰：'古者言之不出，耻躬之不逮也。'"(3)古人不肯轻易出言，唯恐自己行为跟不上，那是一件令人可耻的事情。孔子举古人之语以警示今人应慎于言。"子曰：'君子欲讷于言而敏于

(1) 朱熹：《四书章句集注·论语集注·宪问》，中华书局2011年版，第146页。
(2) 朱熹：《四书章句集注·论语集注·宪问》，中华书局2011年版，第145页。
(3) 朱熹：《四书章句集注·论语集注·里仁》，中华书局2011年版，第72页。

行。'"[1]一个君子，常常是说起话来显得比较迟缓且收敛，而做起事来却很敏捷。所有的表述，都是主张"行"重于"言"的。明白这一点，就不难理解当子贡问老师怎样做才算一个君子时，孔子回答说，先做后说是关乎君子言行一致的一个充分条件："子贡问君子。子曰：'先行其言而后从之'"[2]

孔子强调要成为一个君子，先把想说的话实行了，然后再说出来，这样才有说服力。子贡善于辞令，是孔门"言语"科的代表性弟子。"先行其言而后从之"是孔子成就君子这一理想人格的基本条件，也体现出对子贡的因材施教理念和严格要求。孔子为什么认为先做后说是成为一个君子的前置性条件，而反过来讲，先说后做就不能成为一个君子呢？就说和做之间的关系而论，理论上可分为五种类型：一是先说后做；二是先做后说；三是边做边说；四是说了不做；五是做了不说。其中：先说后做、边说边做，属于说在前、做在后的一类；先做后说，属于做在前、说在后的一类。虽然说在前、做在后也蕴含着"言行一致"的要求，但在现实生活中，许多事情往往是说起来容易做起来难，有时难免产生说到做不到的现象，结果很容易沦为和说了不做者为伍的境地。因此，说在前、做在后这类行为虽然也能体现言行一致的要求，但与言行一致的契合度是不高的。而做在前、说在后这类行为，非常利于"言行一致"的达成，不失为避免空谈的有效方法。

（1） 朱熹：《四书章句集注·论语集注·里仁》，中华书局2011年版，第73页。
（2） 朱熹：《四书章句集注·论语集注·为政》，中华书局2011年版，第58页。

当然，在现实生活中也存在做了不说的现象，但这种现象不是常人所能够做到的。孔子在教育子贡的过程中，主张先做后说，除了含有避免空谈的意义以外，主要目的是教子贡把握行重于言的道理，切于实际而不是夸夸其谈，努力成为一个躬行实践的君子。

的确，社会上有相当一部分人把言说看得很重要，能说会道，却是尽说不做，或者说得多而做得少，甚或表里不一，说一套而做一套。孔子把这种人称作“佞人”。其实，孔子并不漠视言语的力量，他也高度重视言语教育，特别是“雅言”的教育。但就言行两者之间，孰重孰轻，孔子的教育价值取向是非常鲜明的，那就是说了就要做到，最好是先要做到，而后再去言说。因为评判一个人的知识学问和道德修养，不单单考察他的言说能力，更重要的是依据他一贯的行为表现。

然而，孔子也有看走眼的时候，比如对于澹台灭明。澹台灭明是武城人，他复姓澹台，名灭明，字子羽，比孔子小 39 岁。《史记·仲尼弟子列传》记载澹台灭明：“状貌甚恶。欲事孔子，孔子以为材薄。既已受业，退而修行，行不由径，非公事不见卿大夫。南游至江，从弟子三百人，设取予去就，名施乎诸侯。孔子闻之，曰：‘吾以言取人，失之宰予；以貌取人，失之子羽。’”(1)澹台灭明的容貌非常丑陋。他曾拜师于孔子门下，但由于材质偏低，没有引起孔子的太多关注。他接受学业完毕之后，退回家乡武城继续自修，并努力践行孔子的政治学说。担任武城县长官的子游耳闻目睹了澹台灭明的所作所为，于是，

(1) 司马迁：《史记·仲尼弟子列传》，中华书局 2011 年版，第 1954 页。

当孔子问子游在武城是否发现人才的时候，子游毫不犹豫地推荐澹台灭明："子游为武城宰。子曰：'女得人焉尔乎？'曰：'有澹台灭明者，行不由径。非公事，未尝至于偃之室也。'"[1]子游认为澹台灭明有两大善行：一是"行不由径"，即为人正派，不走旁门左道；二是"非公事未尝至于偃之室也"，即除了公事以外不拜见领导，不搞私人关系。这两大善行是子游从平日里澹台灭明走路不屑于抄小道和不是为公事从不到子游的居室来两件小事上发现的。后来澹台灭明带领三百弟子南下到长江流域，所到之处诸侯对他都很尊敬，言听计从。孔子听到这些情况，自责说道："以言取人，失之宰予；以貌取人，失之子羽。"承认自己仅凭人的言辞而错看了能言善辩的宰予，更反省自己不该光凭人的外貌来判断人，错看了澹台灭明。"以貌取人，失之子羽"后来成了一句很有名的成语，其正是孔子"行"重于"言"的教育价值取向的生动折射。

孔子的言行观深刻影响着他的弟子们，特别是"政事"科的代表人物子贡。有一次子贡问孔子，有没有一个字或者一句话可以用于终身的，能让一个人修身立世。孔子的回答充满智慧，《论语·卫灵公》是这样记载的：

子贡问曰："有一言而可以终身行之者乎？"子曰："其恕乎！己所不欲，勿施于人。"[2]

（1） 朱熹：《四书章句集注·论语集注·雍也》，中华书局 2011 年版，第 85 页。

（2） 朱熹：《四书章句集注·论语集注·卫灵公》，中华书局 2011 年版，第 155 页。

面对子贡的发问，孔子回应说，倒是有一个字，这个字就是“恕”。假如要展开一些说的话，不妨形成这样一句：“己所不欲，勿施于人。”“恕”的意思不仅仅是宽恕，最主要的含义就是后面补充所讲的，自己不喜欢的人和事，不要强加给别人。孔子把“己所不欲，勿施于人”作为终身奉行的人生格言送给子贡，要求子贡将心比心，由己及人：你自己不希望别人用这种方式对待你，那你也不要用这种方式对待别人。这是一种推己及人的人生智慧，孔子将它概括为“忠恕”之道，用作为人处世的基本原则。

孔子教育学生时，总是强调自己的思想学说有个一以贯之的“道”，深谙孔子之“道”的曾参明确把它归纳成“忠”和“恕”两个范畴：

子曰：“参乎！吾道一以贯之。”曾子曰：“唯。”子出。门人问曰：“何谓也？”曾子曰：“夫子之道，忠恕而已矣。”(1)

在孔子教育思想体系中，“忠”和“恕”两个范畴对举联结在一起使用时，“忠”是偏重“己欲立而立人，己欲达而达人”(2)，强调努力地帮助他人；而“恕”是偏重“己所不欲，勿施于人”(3)，指不做有害于他人的事。帮助他人是需要能力的，没有能力如何去“忠”？所以，“忠”并不是人人都可以做到的，也不是人人时时能够做到的。唯有“恕”是大家都可以做到的，因为只讲自己不喜欢的，不要强加给他人。一言以蔽之，“忠”就是对他人做有益的事，“恕”就是不

(1) 朱熹：《四书章句集注·论语集注·里仁》，中华书局2011年版，第71页。
(2) 朱熹：《四书章句集注·论语集注·雍也》，中华书局2011年版，第89页。
(3) 朱熹：《四书章句集注·论语集注·卫灵公》，中华书局2011年版，第155页。

对他人做有害的事。进而再简约地区别两者，“忠”是“做”，“恕”是“不做”。“做”是要讲究条件和能力的，因此不是每个人都能做的，不是随时随地可为的。而“不做”则不然，它无需条件和能力，每个人都可不做，可以顺其自然，毫无作为。因此，人人皆可终身行之。孔子所讲的“忠”“恕”之道在理解人生问题时往往善于从大处着眼，强调人同此心、心同此理，关注人的真切感受和相互之间的和谐共处。

当然，“忠”与“恕”之间还有另外一些差别。“忠”的要义是“己欲立而立人，己欲达而达人”，即要想自己立足社会，也要帮助他人一同立足社会；要想自己做事通情达理，也要帮助他人做事通情达理。但现实社会的普遍现象是人人殊异，人与人之间或有共同的理想追求，也有相异的情感欲求。单纯地以为自己想要的他人也一定想要，于是一定让他人接受，结果往往导致事与愿违，好心而办了坏事，这类景象在生活中司空见惯。因此，在孔门的教育实践活动中，“忠”不是漫无边界的，而是有所限定的，且应加以警惕和约束。孔门师徒对此是有思考和教训的。子贡曾问孔子怎样对待朋友，孔子劝诫子贡说:“忠告而善道之，不可则止，无自辱焉。”[1]给朋友忠告并好心好意开导他，如果他不肯听劝，那就不要再劝他了，以免自取其辱。教导子贡交友时不可勉强人意，因为人随着处境的变迁，常常可能会改变

（1） 朱熹:《四书章句集注·论语集注·颜渊》，中华书局2011年版，第132页。

志向，正可谓“道不同，不相为谋”[1]。总之，若对朋友坦诚相劝，行不通就立刻停下来，不要自寻麻烦。交友伴有缘尽于此的时刻，此时则不妨互道一声珍重。子游也曾说过：“事君数，斯辱矣，朋友数，斯疏矣。”[2]指出对待君主过于殷勤，就会招致侮辱；对待朋友过于殷勤，就会被疏远。除去对君和对友，孔子还谈论到对待父母，也要适可而止，不可一味地愚忠愚孝。

由此可见，“忠”作为相对真理，它因人而异，也因时而异。“忠”就像一把双刃剑，具有两面性。如果不能辩证地看待它，不提高警惕，“忠”还会被不怀好意的人利用。一些人伪饰出一副“忠”的样子，来主宰个体的言行，进而控制和奴役其思想意志。假如说以高压的政治态势来牵制人们的思想是强奸民意，那么以“忠”的道德名义来奴役人们的思想则是诱奸民意。实事求是而论，“己所不欲，勿施于人”和“己欲立而立人，己欲达而达人”是孔子“行”之教的两条黄金法则。

孔子在涉及“行”之教的对象和范围时，除了强调需要“忠”的配合，还格外留意“信”的协同。比如，孔子认为要想交到志趣相投的朋友，光有“忠”是不够的，还需配有“信”的助力才行。他说：“主忠信，无友不如己者。”[3]与朋友交往除了讲“忠”，还必须讲“信”，即守信用。“忠”和“信”是两条相辅相成、互为前提的为人处世原

（1） 朱熹：《四书章句集注·论语集注·卫灵公》，中华书局 2011 年版，第 157 页。

（2） 朱熹：《四书章句集注·论语集注·里仁》，中华书局 2011 年版，第 73 页。

（3） 朱熹：《四书章句集注·论语集注·学而》，中华书局 2011 年版，第 52 页。

则。据此原则，孔子主张不与志趣不相似的人为友，一定要与理想相同的人交互成友，这样方能成就“有朋自远方来，不亦乐乎”的欢愉境界。在这里需要说明的是，“不如己者”并非指比不上自己的人，因为你若将比你差的人拒之千里，那么比你强的人又怎会和你交友呢？“不如己”意为人生志趣和自己不相似的，换句话说，如果道不同，志亦不同，就不必刻意为表面化的情意而交友了。

对此，孔子晚年的高足曾参深有感触地说：“吾日三省吾身：为人谋而不忠乎？与朋友交而不信乎？传不习乎？”(1)把孔子的“忠”“恕”之道贯穿其整个学行之中，时常对照“忠”“信”“习”这三个问题，以此来反省自己的行为：为别人办事是不是尽心竭力了，与朋友交往是不是诚实守信了，老师传授给我的知识和道理是不是掌握并践行了。曾参沿循孔子的教育思想，以“忠”为本，以“信”为用，视内忠外信为修身之本，强调学以致用，把所学到的东西付诸实践。

其实，孔子本人既好学又好做，是一个知行统一论者。但孔子的知行观并非泛泛地主张学以致用，而是要求“行笃敬”：

子张问行。子曰：“言忠信，行笃敬，虽蛮貊之邦行矣；言不忠信，行不笃敬，虽州里行乎哉？立，则见其参于前也；在舆，则见其倚于衡也。夫然后行。”子张书诸绅。(2)

子张问如何才能使自己到处都行得通。孔子认为，说话除了要忠

---

(1) 朱熹：《四书章句集注·论语集注·学而》，中华书局2011年版，第50页。

(2) 朱熹：《四书章句集注·论语集注·卫灵公》，中华书局2011年版，第152页。

诚、守信，行事则一定要笃实、恭敬。“笃”，意为敦厚踏实；“敬”，意为一心一意。孔子把“笃”“敬”与人的行为联结在一起，提出一个“行笃敬”的教育观念。孔子所谓“行笃敬”，就是倡导好学力行，真心实意去做事，不畏艰险，排除万难，不达目的誓不罢休，成败在己不在人。孔子痛恶那些没有毅力的人，一遇到困难就半途而废，譬如要用土来堆成一座山，仅需一筐土便可堆成，可是因为困难却终止倒上最后一筐土，致使前功尽弃。可是在平地上堆土成山，虽然才倒下一筐土，只要不停地一筐一筐地倒上去，总会有把山堆成的那一天。世间无论做任何事情，或多或少都会遇到困难。尽管功败垂成的原因很多，但是行动缺乏足够毅力和意志力薄弱确是至关重要的因素。所以，在孔子看来，一个人忠诚、守信，行为笃敬，即便是到了野蛮的邦国，也能行得通。不然，就是在本乡本土，也是行不通的。

上述所举《论语》文本当中的“行”之教，基本上都可以当作实践教育来理解，那么它所实践的是什么呢？总括起来，不外乎是忠、信、孝、悌以及仁、义、礼、智，特别是忠和信。一个人要在理论上懂得明“忠”知“信”，在实践上进德修身，进而齐家、治国、平天下，在很大程度上取决于“文”之教。也就是说，要有知识文化的教育涵养，才能清楚地知道什么叫“忠”什么叫“信”，从而理性地将它们运用于社会实践之中。因之，“文、行、忠、信”四教相辅相成，缺一不可，方可达到孔子所倡导的君子之境。

"忠"之教

在孔子看来，作为一个君子，学习的目的是修身养性和治国安邦，因而他十分重视道德的修养和践行，要求"弟子入则孝，出则弟，谨而信，泛爱众，而亲仁。行有余力，则以学文。"[1]"君子不重则不威，学则不固。主忠信。无友不如己者。过则勿惮改。"[2]他把道德学习置于知识学习之先，强调学好做人再做学问。而"忠"作为君子重要的行为品质和道德思想支柱，正是孔子"文、行、忠、信"四教所倡导的两大基本道德之一。它和"信"相互联系，始终贯穿于孔子的"文"与"行"两教之中。"忠"的基本含义是为人着想和为人办事而尽心尽力的态度及其相应的行为和道德品质。"忠"的教育观念无论对于个人精神的塑造和人际关系的和谐，还是对于国家的建设和发展，都有着不可忽视的积极作用，所以备受孔子的关注和推崇。

[微视频]
"忠"的一般
伦理含义

在《论语》的《学而》《为政》《八佾》《里仁》《公冶长》《述而》《子罕》《颜渊》《子路》《宪问》《卫灵公》《季氏》这12篇的不同语境中有16处论及"忠"字18次，其用法和意义都是立足伦理道德的层面。要全面地理解孔子的"忠"之教，不妨先

（1） 朱熹：《四书章句集注·论语集注·学而》，中华书局2011年版，第51页。

（2） 朱熹：《四书章句集注·论语集注·学而》，中华书局2011年版，第52页。

把“忠”字的语法及其不同词义勾陈出来，而后再进一步揭示孔子所谓的“忠”之教的思想含义。

一、“忠”的用法

“忠”，从汉字的结构分析，“忠”是上下结构，上为“中”，下为“心”，意即“尽己之心”。孔子强调，替人办事情要全心全意、尽心尽力。从语法角度分析，“忠”可用作动词、名词和副词。

（一）作为动词用

（1）曾子曰：“吾日三省吾身：为人谋而不忠乎？与朋友交而不信乎？传不习乎？”(1)

（2）季康子问：“使民敬、忠以劝，如之何？”子曰：“临之以庄则敬，孝慈则忠，举善而教不能则劝。”(2)

（3）子张问曰：“令尹子文三仕为令尹，无喜色；三已之，无愠色。旧令尹之政，必以告新令尹。何如？”子曰：“忠矣。”曰：“仁矣乎？”曰：“未知，焉得仁？”(3)

（4）樊迟问仁。子曰：“居处恭，执事敬，与人忠。虽之夷狄，不

（1） 朱熹：《四书章句集注·论语集注·学而》，中华书局 2011 年版，第 50 页。

（2） 朱熹：《四书章句集注·论语集注·为政》，中华书局 2011 年版，第 59 页。

（3） 朱熹：《四书章句集注·论语集注·公冶长》，中华书局 2011 年版，第 78—79 页。

可弃也。[1]

（5）子曰："爱之，能勿劳乎？忠焉，能勿诲乎？"[2]

（6）子张问行。子曰："言忠信，行笃敬，虽蛮貊之邦行矣；言不忠信，行不笃敬，虽州里行乎哉？立，则见其参于前也；在舆，则见其倚于衡也。夫然后行。"子张书诸绅。[3]

（二）作为名词用

（1）子曰："君子不重则不威，学则不固。主忠信。无友不如己者。过则勿惮改。"[4]

（2）定公问："君使臣，臣事君，如之何？"孔子对曰："君使臣以礼，臣事君以忠。"[5]

（3）子曰："参乎！吾道一以贯之。"曾子曰："唯。"子出。门人问曰："何谓也？"曾子曰："夫子之道，忠恕而已矣。"[6]

（4）子曰："十室之邑，必有忠信如丘者焉，不如丘之好学也。"[7]

（5）子以四教：文，行，忠，信。[8]

（6）子曰："主忠信，毋友不如己者，过则勿惮改。"[9]

（1） 朱熹：《四书章句集注·论语集注·子路》，中华书局2011年版，第137页。
（2） 朱熹：《四书章句集注·论语集注·宪问》，中华书局2011年版，第141页。
（3） 朱熹：《四书章句集注·论语集注·卫灵公》，中华书局2011年版，第152页。
（4） 朱熹：《四书章句集注·论语集注·学而》，中华书局2011年版，第52页。
（5） 朱熹：《四书章句集注·论语集注·八佾》，中华书局2011年版，第66页。
（6） 朱熹：《四书章句集注·论语集注·里仁》，中华书局2011年版，第71页。
（7） 朱熹：《四书章句集注·论语集注·雍也》，中华书局2011年版，第81页。
（8） 朱熹：《四书章句集注·论语集注·述而》，中华书局2011年版，第95页。
（9） 朱熹：《四书章句集注·论语集注·子罕》，中华书局2011年版，第109页。

（7）子张问崇德、辨惑。子曰：“主忠信，徙义，崇德也。爱之欲其生，恶之欲其死。既欲其生，又欲其死，是惑也。‘诚不以富，亦祇以异’。”[(1)]

（8）子张问政。子曰：“居之无倦，行之以忠。”[(2)]

（9）孔子曰：“君子有九思：视思明，听思聪，色思温，貌思恭，言思忠，事思敬，疑思问，忿思难，见得思义。”[(3)]

（三）作为副词用

子贡问友。子曰：“忠告而善道之，不可则止，无自辱焉。”[(4)]

从上面例文可以看出“忠”在《论语》中作为名词用有 9 次，作为动词用有 6 次，作为副词用有 1 次。

二、“忠”的含义

从道德教育的角度分析，“忠”有两层的含义：第一种，一般伦理准则的含义，它有忠于他人、忠于父母、忠于朋友、忠于职守、忠于事业等含义；第二种，特殊伦理准则的含义，“忠”有忠于国家、忠于君主、忠于君王等含义。具体见下表。

（1） 朱熹：《四书章句集注·论语集注·颜渊》，中华书局 2011 年版，第 129 页。
（2） 朱熹：《四书章句集注·论语集注·颜渊》，中华书局 2011 年版，第 130 页。
（3） 朱熹：《四书章句集注·论语集注·季氏》，中华书局 2011 年版，第 161 页。
（4） 朱熹：《四书章句集注·论语集注·颜渊》，中华书局 2011 年版，第 132 页。

<table>
<tr><td rowspan="5">一般
伦理准则</td><td>一、忠于他人</td><td>1. 曾子曰:“吾日三省吾身:为人谋而不忠乎?”(《论语·学而》)
2. 子曰:“参乎!吾道一以贯之。”……曾子曰:“夫子之道,忠恕而已矣。”(《论语·里仁》)
3. 樊迟问仁。子曰:“居处恭,执事敬,与人忠。”(《论语·子路》)</td></tr>
<tr><td>二、忠于父母</td><td>子曰:“孝慈则忠。”(《论语·为政》)</td></tr>
<tr><td>三、忠于朋友</td><td>子贡问友。子曰:“忠告而善道之……”(《论语·颜渊》)</td></tr>
<tr><td>四、忠于职守</td><td>子张问政。子曰:“居之无倦,行之以忠。”(《论语·颜渊》)</td></tr>
<tr><td>五、忠于事业</td><td>子曰:“忠焉,能勿诲乎?”(《论语·宪问》)</td></tr>
<tr><td>特殊
伦理准则</td><td>忠于君主、国家</td><td>1. 孔子对曰:“君使臣以礼,臣事君以忠。”(《论语·八佾》)
2. 子张问曰:“令尹子文三仕为令尹,无喜色;三已之,无愠色。旧令尹之政,必以告新令尹。何如?”子曰:“忠矣。”(《论语·公冶长》)</td></tr>
</table>

从总体的教育思想取向分析,我们不难发现孔子相当重视“忠”的教育,要求人们要诚实厚道,不要欺辱、欺骗,它是人与人相处、交往的一种基本伦理要求。它适用于君主、国家、政事、朋友诸多层面,是一种较为普遍的人际交往和个人品德修养的道德规范和道德范畴。孔子为什么如此钟情于“忠”之教呢?这是与孔子所处的时代、个人经历以及教育理想息息相关的。

孔子不仅强调“忠”之教,而且也重视“信”之教。孔子认为“忠”与“信”是相辅相成的,他有时候将两个词放在一起谈论,即“忠信”,譬如“主忠信”,孔子在不同场合谈到“忠信”,总共有 4 次。

孔子是以培养君子为教育目标的，君子要讲究忠诚、礼仪，他说如果君子做到忠诚，懂得礼仪，老百姓就会效仿，从而变得顺从，对上级也更加忠诚、诚恳。因此，他对君子的核心要求就是“忠”和“信”。

“信”之教

孔子作为儒家的奠基人，是第一位对“信”这一德目做出系统阐述的教育家。综观《论语》，涉及“信”字达 38 处之多，“信”字在《论语》中包含的内容十分丰富。具体情况见下表。

篇章	语句
1.4	曾子曰：“吾日三省吾身：为人谋而不忠乎？与朋友交而不信乎？传不习乎？”
1.5	子曰：“道千乘之国：敬事而信，节用而爱人，使民以时。”
1.6	子曰：“弟子入则孝，出则弟，谨而信，泛爱众而亲仁。行有余力，则以学文。”
1.7	子夏曰：“贤贤易色，事父母能竭其力，事君能致其身，与朋友交言而有信。虽曰未学，吾必谓之学矣。”
1.8	子曰：“君子不重则不威，学则不固。主忠信。无友不如己者。过则勿惮改。”
1.13	有子曰：“信近于义，言可复也；恭近于礼，远耻辱也；因不失其亲，亦可宗也。”
2.22	子曰：“人而无信，不知其可也。大车无輗，小车无軏，其何以行之哉？”

续表

篇章	语句
5.5	子使漆雕开仕。对曰:“吾斯之未能信。”子说。
5.9	宰予昼寝。子曰:“朽木不可雕也,粪土之墙不可杇也,于予与何诛。”子曰:“始吾于人也,听其言而信其行;今吾于人也,听其言而观其行。于予与改是。”
5.25	颜渊、季路侍。子曰:“盍各言尔志?”子路曰:“愿车马、衣轻裘,与朋友共。敝之而无憾。”颜渊曰:“愿无伐善,无施劳。”子路曰:“愿闻子之志。”子曰:“老者安之,朋友信之,少者怀之。”
5.27	子曰:“十室之邑,必有忠信如丘者焉,不如丘之好学也。”
7.1	子曰:“述而不作,信而好古,窃比于我老彭。”
7.24	子以四教:文,行,忠,信。
8.4	曾子有疾,孟敬子问之。曾子言曰:“鸟之将死,其鸣也哀;人之将死,其言也善。君子所贵乎道者三:动容貌,斯远暴慢矣;正颜色,斯近信矣;出辞气,斯远鄙倍矣。笾豆之事,则有司存。”
8.13	子曰:“笃信好学,守死善道。危邦不入,乱邦不居。天下有道则见,无道则隐。邦有道,贫且贱焉,耻也;邦无道,富且贵焉,耻也。”
8.16	子曰:“狂而不直,侗而不愿,悾悾而不信,吾不知之矣。”
9.24	子曰:“主忠信,毋友不如己者,过则勿惮改。”
12.7	子贡问政。子曰:“足食,足兵,民信之矣。”子贡曰:“必不得已而去,于斯三者何先?”曰:“去兵。”子贡曰:“必不得已而去,于斯二者何先?”曰:“去食。自古皆有死,民无信不立。”
12.10	子张问崇德、辨惑。子曰:“主忠信,徙义,崇德也。爱之欲其生,恶之欲其死。既欲其生,又欲其死,是惑也。‘诚不以富,亦祇以异’。”
12.11	齐景公问政于孔子。孔子对曰:“君君,臣臣,父父,子子。”公曰:“善哉!信如君不君,臣不臣,父不父,子不子,虽有粟,吾得而食诸?”
13.4	樊迟请学稼,子曰:“吾不如老农。”请学为圃。曰:“吾不如老圃。”樊迟出。子曰:“小人哉,樊须也!上好礼,则民莫敢不敬;上好义,则民莫敢不服;上好信,则民莫敢不用情。夫如是,则四方之民襁负其子而至矣,焉用稼?”

续表

篇章	语句
13.20	子贡问曰："何如斯可谓之士矣？" 子曰："行己有耻，使于四方，不辱君命，可谓士矣。" 曰："敢问其次。" 曰："宗族称孝焉，乡党称弟焉。" 曰："敢问其次。" 曰："言必信，行必果，硁硁然小人哉！抑亦可以为次矣。" 曰："今之从政者何如？" 子曰："噫！斗筲之人，何足算也。"
14.14	子问公叔文子于公明贾曰："信乎夫子不言、不笑、不取乎？" 公明贾对曰："以告者过也。夫子时然后言，人不厌其言；乐然后笑，人不厌其笑；义然后取，人不厌其取。" 子曰："其然，岂其然乎？"
14.15	子曰："臧武仲以防求为后于鲁，虽曰不要君，吾不信也。"
14.33	子曰："不逆诈，不亿不信。抑亦先觉者，是贤乎！"
15.5	子张问行。子曰："言忠信，行笃敬，虽蛮貊之邦行矣；言不忠信，行不笃敬，虽州里行乎哉？立，则见其参于前也；在舆，则见其倚于衡也。夫然后行。" 子张书诸绅。
15.17	子曰："君子义以为质，礼以行之，孙以出之，信以成之。君子哉！"
17.6	子张问仁于孔子。孔子曰："能行五者于天下，为仁矣。" 请问之。曰："恭、宽、信、敏、惠。恭则不侮，宽则得众，信则人任焉，敏则有功，惠则足以使人。"
17.8	子曰："由也，女闻六言六蔽矣乎？" 对曰："未也。" "居！吾语女。好仁不好学，其蔽也愚；好知不好学，其蔽也荡；好信不好学，其蔽也贼；好直不好学，其蔽也绞；好勇不好学，其蔽也乱；好刚不好学，其蔽也狂。"
19.2	子张曰："执德不弘，信道不笃，焉能为有？焉能为亡？"
19.10	子夏曰："君子信而后劳其民，未信则以为厉己也；信而后谏，未信则以为谤己也。"
20.1	尧曰："咨！尔舜！天之历数在尔躬，允执其中。四海困穷，天禄永终。" 舜亦以命禹。曰："予小子履，敢用玄牡，敢昭告于皇皇后帝：有罪不敢赦。帝臣不蔽，简在帝心。朕躬有罪，无以万方；万方有罪，罪在朕躬。" 周有大赉，善人是富。"虽有周亲，不如仁人。百姓有过，在予一人。" 谨权量，审法度，修废官，四方之政行焉。兴灭国，继绝世，举逸民，天下之民归心焉。所重：民、食、丧、祭。宽则得众，信则民任焉，敏则有功，公则说。

对于"信"的含义，杨伯峻的《论语译注》一书归纳出四种解释：第一，诚实不欺（24次）；第二，相信，认为可靠（11次）；第三，形容词或副词，真诚（2次）；第四，使……相信，使……信任（1次）。在《论语》中，"信"之教的"信"到底有哪些思想含义呢？

从汉字结构来讲，"信"是左右结构，左边是单人旁，是人；右边是言。"信"其实是会意字，指人所说的话，即"人言为信"。它的基本含义是诚实不欺，主要强调人们在社会交往中应讲究信用，遵守诺言。此外，我们可以从儒家教育哲学角度对其进行解读，譬如"仁、义、礼、智、信"，"信"是儒家教育所强调的一个道德要求。在儒家看来，如果一个人对自己所说的话不重视，言行不一，那就很难得到人们信任，久而久之，这个人必定为社会所抛弃。概而言之，"信"有三个基本含义：第一，从一般伦理准则来讲，它有"取信于人"的含义；第二，"敬事而信"，取信于民；第三，不轻信，不臆测。此外，"信"还有特殊伦理准则的含义，指的是与朋友相处中的"信"，如何与朋友相处。具体见下表。

析而言之，"信"首先是讲信用、守诺言、取信于人。有子说："信近于义，言可复也。"[1]就是说，信与道义相近，即说过的话要能兑现。孔子认为，"信"应该成为一个人最基本的道德品质，缺少了它，一个人便无法立身处世。所以，孔子对不讲信用之人表示了坚决否定的态

（1） 朱熹：《四书章句集注·论语集注·学而》，中华书局2011年版，第53页。

<table>
<tr><td rowspan="5">信的含义</td><td rowspan="5">一般
伦理准则</td><td>一、取信于人</td><td>1. 子曰：“人而无信，不知其可也。大车无輗，小车无軏，其何以行之哉？”（《论语·为政》2.22）
2. 有子曰：“信近于义，言可复也。”（《论语·学而》1.13）
3. 曾子言曰：“……正颜色，斯近信矣。”（《论语·泰伯》8.4）</td></tr>
<tr><td>二、敬事而信（含取信于民）</td><td>1. 子曰：“道千乘之国：敬事而信，节用而爱人，使民以时。”（《论语·学而》1.5）
2. 子曰：“……谨而信，泛爱众而亲仁。”（《论语·学而》1.6）
3. 子贡问政。子曰：“……自古皆有死，民无信不立。”（《论语·颜渊》12.7）
4. 子曰：“……上好信，则民莫敢不用情。”（《论语·子路》13.4）
5. 子夏曰：“君子信而后劳其民，未信则以为厉己也。”（《论语·子张》19.10）
6. 子曰：“述而不作，信而好古，窃比于我老彭。”（《论语·述而》7.1）
7. 子曰：“笃信好学，守死善道。”（《论语·泰伯》8.13）</td></tr>
<tr><td rowspan="3">三、不轻信，不臆测</td><td>1. 子曰：“始吾于人也，听其言而信其行；今吾于人也，听其言而观其行。于予与改是。”（《论语·公冶长》5.9）</td></tr>
<tr><td>2. 子曰：“狂而不直，侗而不愿，悾悾而不信，吾不知之矣。”（《论语·泰伯》8.16）</td></tr>
<tr><td>3. 子曰：“不逆诈，不亿不信。抑亦先觉者，是贤乎！”（《论语·宪问》14.33）</td></tr>
</table>

续表

信的含义	特殊伦理准则（以朋友为对象）	以“友为对象”之“信”	1. 曾子曰：“吾日三省吾身：为人谋而不忠乎？与朋友交而不信乎？传不习乎？”（《论语·学而》1.4） 2. 子夏曰：“与朋友交言而有信。虽曰未学，吾必谓之学矣。”（《论语·学而》1.7） 3. 子曰：“老者安之，朋友信之，少者怀之。”（《论语·公冶长》5.25）

度。他说：“人而无信，不知其可也。大车无輗，小车无軏，其何以行之哉？”[1]就是说，如果一个人不讲信用的话，就像牛车没有輗，马车没有軏一样，车是无法行走的。由此可知，诚信对一个人立身处世是至关重要的。

孔子把“信”视作人与人交往应该遵循的一条基本准则，认为交朋处友应该以是否有信作为衡量的标准。孔子曰：“益者三友，损者三友。友直，友谅，友多闻，益矣。友便辟，友善柔，友便佞，损矣。”[2]就是说，有益的朋友有三种，有害的朋友也有三种，与正直的人交友，与诚实的人交友，与见多识广的人交友，这是有益的。与虚伪做作的人交友，与谄媚逢迎的人交友，与巧嘴利舌的人交友，是有害的。所以，与朋友交往，应该守诺言、讲信用，以诚相待，一是一，二是二，不欺诈，不虚伪，不掩饰。只有如此，人际关系才能融洽与和谐，人

（1） 朱熹：《四书章句集注·论语集注·为政》，中华书局2011年版，第60页。
（2） 朱熹：《四书章句集注·论语集注·季氏》，中华书局2011年版，第160页。

与人之间才能相互信任。否则，如果人们都不讲信用，那么欺骗之风必定流行。如果那样，人们必将生活在一个互不信任，充满尔虞我诈而人人自危的社会之中。因此，不讲信用、缺乏信任的社会后果是人们所不愿意看到的。所以，受孔子思想影响的子夏强调："与朋友交言而有信。"(1)

其次，要做到不轻信、不臆测。孔子说："狂而不直，侗而不愿，悾悾而不信，吾不知之矣。"(2)就是说，一些人狂妄自大，却又奸巧利滑；一些人愚昧无知，却又不诚实；一些人表面诚恳，内心却不讲信用。我真不知道这些人以后会有什么好的结果。从这里可以看出，孔子对那些不讲信用之人表示深深的担忧，其实质就是对不讲信用之人的批判以及对缺乏信用之人的鄙视。在孔子看来，"信"是一个人必须具备的品德。这种品德应该是说话算数，言行一致，不出尔反尔，不能为了个人利益而背弃诺言。如同我们平常所说的"大丈夫一言既出，驷马难追"。正因为如此，孔子强调："言必信，行必果。"(3)

最后，要敬事而信、取信于民。孔子认为"信"应该成为治理国家的根本，并提出"信"是立民之本的观点。对此，《论语》做了一番精辟的阐述：

子贡问政。子曰："足食，足兵，民信之矣。"子贡曰："必不得已而去，于斯三者何先？"曰："去兵。"子贡曰："必不得已而去，于斯

(1) 朱熹：《四书章句集注·论语集注·学而》，中华书局2011年版，第51页。
(2) 朱熹：《四书章句集注·论语集注·泰伯》，中华书局2011年版，第102页。
(3) 朱熹：《四书章句集注·论语集注·子路》，中华书局2011年版，第138页。

二者何先？”曰：“去食。自古皆有死，民无信不立。”[1]

在这里，孔子认为，军备、粮食和民众对当局的信任是治理好国家的三大条件，而民众对当局的信任又居于这三大条件的首位。在孔子看来，没有民众对统治者的信任，再多的粮食和军备也阻挡不了统治者垮台的命运。把民众对当局的信任置于粮食和军备之前，自然是夸大了道德的作用，但是，突出民众对统治者的信任，这具有十分重要的意义。统治者与人民的信任关系，是政治凝聚力形成的前提和关键，它在相当大的程度上决定了某一政权的创立、巩固和发展。关于统治者与民众的信任关系问题，《论语》还有这样的记录：“子夏曰：‘君子信而后劳其民，未信则以为厉己也。’”[2]意思是说，统治者只有得到民众的信任，才能统率民众，并得到民众的扶持；如果得不到民众的信任，而去统率他们，他们便会认为是统治者有意虐待他们，从而奋起反抗。那么，如何才能消除这些误解并赢得他们的信任呢？孔子说：“道千乘之国：敬事而信，节用而爱人，使民以时。”[3]这里的“敬事而信”“节用而爱人”“使民以时”，就是要求统治者对百姓讲信用，避免铺张浪费，对百姓具有爱心，在用百姓时，不要违背农时。孔子还说：“宽则得众，信则人任焉。”[4]就是说，统治者对百姓宽容，就会得到百姓的拥护；统治者对百姓讲信用，就一定会得到百姓的信任。这

(1) 朱熹：《四书章句集注·论语集注·颜渊》，中华书局 2011 年版，第 127—128 页。
(2) 朱熹：《四书章句集注·论语集注·子张》，中华书局 2011 年版，第 176 页。
(3) 朱熹：《四书章句集注·论语集注·学而》，中华书局 2011 年版，第 51 页。
(4) 朱熹：《四书章句集注·论语集注·阳货》，中华书局 2011 年版，第 165 页。

样，孔子把“信”摆在治理国家、维护统治者利益的最重要的位置上。

“信”除上述三种一般伦理准则的含义之外，还具有特殊伦理准则的含义，主要是以朋友为对象。孔子大力提倡诚信之道，而且亲自躬行垂范诚信之德，正如子贡所曰：“孔氏者，性服忠信，身行仁义，饰礼乐，选人伦。”(1)孔子把对朋友讲信用当作自己最高的人生志向。《论语》记录：“子路曰：‘愿闻子之志。’子曰：‘老者安之，朋友信之，少者怀之，’(2)把“朋友信之”当作自己人生追求的一大目标之一，体现了孔子对“信”德的高度重视和他的人生道德追求。不仅如此，孔子经常要求他的弟子“主忠信”(3)，把忠信放在首要地位。孔子认为：“弟子入则孝，出则弟，谨而信，泛爱众而亲仁。”(4)在孔子看来，信既是立身处世的前提，也是人生之路上的“通行证”。《论语》有这样一段记录：

子张问行。子曰：“言忠信，行笃敬，虽蛮貊之邦行矣；言不忠信，行不笃敬，虽州里行乎哉？立，则见其参于前也；在舆，则见其倚于衡也。夫然后行。”(5)

就是说，一个人如果说话忠诚守信，做事忠厚恭敬，就是走到偏远的少数民族地区，也是行得通的；但如果说话虚伪欺骗，做事马马虎虎，就是在本乡本土，也难以行得通。可见，诚信被奉行为一项基本准则。

(1) 《庄子注疏·渔父》，郭象注，成玄英疏，中华书局2011年版，第535页。
(2) 朱熹：《四书章句集注·论语集注·公冶长》，中华书局2011年版，第81页。
(3) 朱熹：《四书章句集注·论语集注·学而》，中华书局2011年版，第52页。
(4) 朱熹：《四书章句集注·论语集注·学而》，中华书局2011年版，第51页。
(5) 朱熹：《四书章句集注·论语集注·卫灵公》，中华书局2011年版，第152页。

孔子关于“信”的观点，对他的学生影响很大。他的学生曾参就把“与朋友交而不信乎”当作自己每天反省的一项重要事情来做。曾子曰：“吾日三省吾身：为人谋而不忠乎？与朋友交而不信乎？传不习乎？”[1]在孔子的学生当中，子路可以说是信守诺言、说到做到的一个典型代表。他对于自己许下的诺言，说一不二，从不拖延，《论语·颜渊》便有“子路无宿诺”的记载。《韩诗外传》也有记载：“子路治蒲三年，孔子过之，入其境而善之，曰：‘善哉！由恭敬以信矣！’入其邑，曰：‘善哉！由忠信以宽矣。’至其庭，曰：‘善哉！由明察以断矣。’子贡执辔而问曰：‘夫子未见由，而三称善，可得闻乎？’孔子曰：‘我入其境，田畴甚易，草莱甚辟。此恭敬以信，故其民尽力。入其邑，墉屋甚尊，树木甚茂。此忠信以宽，故其民不偷。入其庭，甚闲，故其民不扰也。’”[2]其中“由”，就是指仲由，也就是子路。这里说明，子路以恭敬、忠信治理百姓，明察断案，因而百姓尽力耕稼，民风淳朴，“民不偷”“民不扰”。所以孔子“三称其善”。

了解了孔子“文、行、忠、信”四教的具体含义及要求之后，我们来小结一下。所谓“文、行、忠、信”四教，简而言之，无非是两个方面内容，即“文化知识”与“道德行为”。文化即“文之教”，涵盖文化知识教育方面；“忠”“信”更多侧重道德

(1) 朱熹：《四书章句集注·论语集注·学而》，中华书局2011年版，第50页。
(2) 韩婴：《韩诗外传集释》，许维遹校释，中华书局1980年版，第205—206页。

意识、道德行为的教育。那在孔子看来，这四者之间什么关系呢？可从三个方面进行分析：第一，从轻重关系来讲，伦理道德教育高于知识教育。第二，从教育过程来讲，伦理道德教育渗透在文化知识教育之中。第三，从教育先后次序来讲，一方面道德行为、道德实践先于文化知识教育而习得，即“行有余力，则以学文”；另一方面，若想成为君子，则更要加强调道德行为实践是基于文化知识教育的学习，它秉持一种德智统一观，德育和智育相辅相成，以德育智，德育为先，德育为本，而智育为辅。

总而言之，孔子“文、行、忠、信”四教，是一个统一的整体，四教相辅相成，既要有文化知识教育，也要有道德修养，并以道德教育为前提和归宿，通过社会实践将文化知识教育与道德修养相连接，从而造就君子的理想人格。

育才之方：

因材施教的案例分析

◆ 孔子“因材施教”的教育原则是经由程颐、朱熹总结而成的，其对我国教学理论和方法的演进造成了深远而重大的影响。

◆ 因材施教的前提是了解学生，而后进行教育，适性而教，长善救失，即先知人而后教人。

◆ 在现代班级授课制的条件下，虽然难以全面实现因材施教，但并非无计可施。因材施教作为重要的教育原则，强调教育者在日常的教育教学过程中，要时刻注意观察学生的各方面表现，善于发现并注意培养学生的特长，反对一刀切和平均主义。要善于引导学生积极思考、努力探究问题、富有成效地进行学习，使学生能扬长避短、各尽所能。

“因材施教”含有教学法的色彩，更具教育原则的意蕴，即在共同的培养目标之下，教育者必须遵循针对受教育者的性格、志趣、能力、所处的环境等方面的差异对其提出不同的要求，有的放矢地进行有差别的教学或者教育，使每个受教育者都能扬长避短，获得最佳发展的基本原则。这一教育原则虽不是孔子本人直接提出来的，但综观整部《论语》，孔子遵循这一教育原则进行施教的例子俯拾皆是。在孔子教育教学活动过程中，“适性而教”“启发诱导”“叩竭两端”等是配合其实行“因材施教”这条教育原则的重要教学法。孔子遵循这一教学原则培养出了三千弟子，七十二高徒，其对当时乃至后世的教育皆产生了深刻的影响。这一集中体现孔子教育智慧的教育原则，被其后不同时期的教育家、思想家们所承继、丰富、完善与发展并赋予其不同的时代内涵。毋庸置疑，它已然成为中国教育史上一份不可多得的教育遗产。

“因材施教”的含义

本部分主要论及三个方面的问题：其一，了解“因材施教”的含义；其二，实施“因材施教”的教学法及其智慧；其三，“因材施教”

的历史影响和当代价值。首先解决第一个问题，“因材施教”的基本含义是什么？

“因材施教”的基本含义是什么呢？正如上文所说，“因材施教”是指在共同的培养目标之下，针对教育对象的性格、志趣、能力、所处的环境等方面的差异对其提出不同的要求，有的放矢地进行有差别的教学或者教育，使每个受教育者都能扬长避短，获得最佳的发展。

下面就这个概念当中的关键词语做具体阐释，首先了解一下“因”是什么意思。“因”具有根据、依据或者说依赖的意思。而所谓“材”，指的是受教育者的个性特长、知识与能力基础等。它不仅包含“天生我材”的遗传因素，也包含后天不同环境造成的人的不同的品性，尤其是各自在智力、才能等方面的差异。这里需要特别注意，这个“材”是木材的材，材质的材，它与才华、才能的“才”内涵是不一样的。“施教”的内涵是什么呢？“施教”不是单纯地局限于给予受教育者知识，不是替受教育者去完成学习活动，而主要指的是在实施教育教学的过程中对受教育者进行启发和诱导，指导受教育者领悟和习得。孔子对学生提出的问题，根据不同的情况给予不同的解答，他不限于单一的提问方式。因材施教是一条重要的教育原则或者说教育规律，它不是一种具体的方法，教育原则和教育方法是有区别的。孔子运用这一教育原则、教育规律，获得了巨大的成功。

在《论语》中，“因材施教”这 4 个字并未直接出现。因为“因材施教”这个词语并非出自孔子本人之口，但其思想内涵却滥觞于孔子。像北宋时期教育家程颐所说的那样："孔子教人各因其材。"[1]这段话影响很大，"孔子教人，各因其材"这八个字被程颐的四传弟子、南宋时期的教育家朱熹所继承。朱熹在不同的语境中对程颐的这一思想加以概括和发展了。

《论语·先进》有这样一条重要的记载："德行：颜渊，闵子骞，冉伯牛，仲弓。言语：宰我，子贡。政事：冉有，季路。文学：子游，子夏。"[2]意思是德行科有四个弟子，他们是颜回、闵子骞、冉伯牛、冉仲弓；言语科有宰我和子贡；政事科最出名的弟子就是冉有与季路；文学科有两个代表，分别是子游、子夏。朱熹在《论语集注》中对此解释说："弟子因孔子之言，记此十人，而并目其所长，分为四科。"[3]孔门弟子根据孔子所说的话，记录这十个人的名字，并且根据这十个人各自的特点、特长把他们分成了四科，也就是德行科、言语科、政事科、文学科四科。将程颐的"孔子教人，各因其材"与朱熹的"弟子因孔子之言，记此十人，而并目其所长，分为四科"合起来，就是后世通行的"因材施教"这一教育原则的来源。它是程颐与朱熹两个人的总结和概括，而并非朱熹一个人总结形成。

在了解"因材施教"的基本含义后，下面结合一些具体的个案来看一看孔子是如何"因材施教"的。根据《论语》的有关记载，孔子经常针对学生才质禀赋的差异，或者根据自己对学生未来发展的预测

(1) 朱熹：《四书章句集注·论语集注》，中华书局 2011 年版，第 118 页。
(2) 朱熹：《四书章句集注·论语集注·先进》，中华书局 2011 年版，第 117 页。
(3) 朱熹：《四书章句集注·论语集注》，中华书局 2011 年版，第 117—118 页。

和期望，对不同的学生所提出的相同问题，给予不同的回答。孔子的三个学生——颜回、冉雍（仲弓）、司马牛都曾向老师提问：什么是仁德？怎么样去做才能够达到仁德的要求和境界？颜渊问仁。子曰："克己复礼为仁。"(1)冉雍也问仁。孔子的回答是："己所不欲，勿施于人。"(2)显然这个答案跟颜回不一样。另一个学生司马牛也曾经向孔子请教过怎样做才能算得上是仁德，子曰："仁者其言也讱。"(3)孔子告诉司马牛，要成为一个仁者，说话要审时度势，要舒缓而谨慎，要三思而后行。

下面具体来分析一下这三则材料的真实语境。首先看颜回和孔子之间有关"仁"的问答。其原文是这样的："颜渊'问仁'。子曰：'克己复礼为仁。一日克己复礼，天下归仁焉。为仁由己，而由人乎哉？'"听到孔子这样的回答，颜回好像还不满足。颜回曰："请问其目。"子曰："非礼勿视，非礼勿听，非礼勿言，非礼勿动。"(4)颜回曰："回虽不敏，请事斯语矣。"(5)这则材料出自《论语·颜渊》篇的第1章。这一则孔子和颜回的对话是什么意思呢？若用现代汉语来表达，它的意思是：颜渊问孔子怎样做才算得上是仁德。孔子的回答是："克制自己，使自己的行为合乎礼的要求，这就是仁德。一旦做到了这些，天下的

---

(1) 朱熹：《四书章句集注·论语集注·颜渊》，中华书局2011年版，第125页。
(2) 朱熹：《四书章句集注·论语集注·颜渊》，中华书局2011年版，第126页。
(3) 朱熹：《四书章句集注·论语集注·颜渊》，中华书局2011年版，第126页。
(4) 朱熹：《四书章句集注·论语集注·颜渊》，中华书局2011年版，第125页。
(5) 朱熹：《四书章句集注·论语集注·颜渊》，中华书局2011年版，第125页。

人都会称赞你是有仁德的人。实行仁德全靠自己，怎么能靠别人呢？”颜渊继续追问孔子：“请问施行仁德的要点是什么？”孔子说：“不合礼的不看，不合礼的不听，不合礼的不说，不合礼的不做。”面对孔子这样具体的回答，颜渊说：“我虽然不够聪明，但是我愿意按照老师您的这些话去做。”

仲弓问仁。子曰：“出门如见大宾，使民如承大祭。己所不欲，勿施于人。在邦无怨，在家无怨。”[1]

孔子从三个方面来回答了仲弓提出的“仁”。第一个方面，孔子的意思是出门办事就好像去接待贵宾一样，如果要使唤、指挥老百姓就应该像去进行重大的祀典活动一样，得认真严肃，小心谨慎。第二个方面，如果碰到自己不喜欢做的事情，就不要强加给别人，即“己所不欲，勿施于人”。这是一条黄金道德准则，对后世中国乃至对世界影响都很大。当然，孔子在别的地方也说过这句话，在这里特别向仲弓强调要成就仁德，就要做到“己所不欲，勿施于人”。第三个方面，如果为国家做事，就要没有一丝一毫的怨言，而在处理家事的时候同样也要做到没有一丝一毫的怨言。这是孔子针对仲弓的个性对“仁”这个问题所给予的回答。

除了颜渊、仲弓问仁，司马牛也向孔子问仁。司马牛是怎么问仁的？孔子又是怎么回答的？《颜渊》篇的第3章这样记载：“司马牛

（1） 朱熹：《四书章句集注·论语集注·颜渊》，中华书局2011年版，第126页。

问仁。子曰:‘仁者其言也讱。’”[1]司马牛问孔子怎样做才能算得上有仁德。孔子说:“有仁德的人说话是谨慎小心的。”对孔子这样的回答,司马牛好像不太理解,他进一步追问道:“其言也讱,斯谓之仁已乎?”[2]即说话谨慎小心,这就叫作有仁德了吗?孔子回答:“为之难,言之得无讱乎?”[3]意思是说,成就仁德很困难,做起来都很困难了,那么说起来你怎么能不小心翼翼、如履薄冰呢?

综上可知,颜渊、仲弓、司马牛三位弟子同样向孔子“问仁”,结果孔子给出不一样的答案,为何?究其缘由,在于孔子能做到因材施教。在孔子看来,颜回没有深刻地把握“仁”和“礼”的关系,所以孔子才会具体告诉他怎么去做。“非礼勿视,非礼勿听,非礼勿言,非礼勿动”的“四勿”箴言,就是告诫颜回要从“仁”和“礼”的关系角度,特别从“礼”的角度去成就仁德。而对于仲弓的提问呢,孔子认为仲弓没有明白和懂得从生活细节当中去做事做人,成就仁德。而司马牛这个人的特点是多言急躁,喜欢夸夸其谈。孔子针对这三位弟子的性格特征给出了不同的回答,回答的角度是不同的。尽管说角度不同,但是它们都是围绕着孔子的仁德这一教育理念展开的。求同存异,在共同目标的牵引下成就仁德,但具体方法路径是不一样的,因为每个人个性不一样,认知基础也是不一样的。

由此,可以概括地说,“因材施教”是孔子倡导在教育教学过程

(1) 朱熹:《四书章句集注·论语集注·颜渊》,中华书局 2011 年版,第 126 页。
(2) 朱熹:《四书章句集注·论语集注·颜渊》,中华书局 2011 年版,第 126 页。
(3) 朱熹:《四书章句集注·论语集注·颜渊》,中华书局 2011 年版,第 126 页。

中教育者必须遵守的基本法则，就是本部分标题“育才之方”中的这个“方”字的含义。“方”的基本含义有方略、法则，兼有方法的味道。但“因材施教”不是一种具体的教学方法，教学方法是为“因材施教”这条教育原则服务的，原则和方法是不同的。“因材施教”还是一条教育规律，它对教育者的言行带有根本性的、普遍性的规定意义。很多人误解了，以为“因材施教”是一种具体方法，这是不恰当的，降低了“因材施教”的教育意义。

以前文为基来简单概括下“因材施教”的要义有三点：（1）统一要求与个别对待相结合；（2）了解学生和培养学生相结合；（3）大众教育和精英教育相结合。

“因材施教”第一个方面的要义是：统一要求与个别对待相结合。所谓统一要求与个别对待相结合，意指孔子对学生的培养目标是统一的。比如说他希望大家都成为“仁者”“君子”，即成为有道德、有学问的人，成就德才兼备的理想人格，这是统一目标。而从小的层面具体来讲，即对于怎样成为“君子”与“仁者”的问题，孔子要求学生从具体方面入手，如具体掌握某一科的知识，像德行科、言语科、政事科等，以及相应地把它落到实处。在统一的要求下，孔子对待学生却从不机械地采取一个模式，而是区别对待。在《论语》中这样的例子是很多的。

“因材施教”第二个方面的要义是：了解学生和培养学生相结合。

孔子非常重视“知人”，即要懂得学生，懂得别人。如他的教育名言“不患人之不己知，患不知人也”。孔子最大的忧虑就是为师者不了解教育对象，不了解教育对象的心理状态等方面。所以孔子非常强调“不可以不知人”。孔子所谓“知人”的目的，就是为了更好地有针对性地来培养学生。

“因材施教”第三个方面的要义是：大众教育和精英教育相结合。当然，这里所讲的“精英教育”和“大众教育”是现代词语，是比较时髦的话。回归到孔子那个年代，并没有现代的高等教育大众化、精英化这样的概念。但是这并不意味着在孔子的思想中没有这方面的体现。换言之，从孔子一生的教育实践和教育所取得的成绩可以看出，他是将两者相结合的。孔子一生培养了三千弟子，一人之力，私人办学，能够培养出三千弟子，这个数量可以说是非常可观的。因为孔子是在个人教学模式下，而不是现在所谓班级授课制的教育体制下培养出的三千弟子，这不就是现代意义上的“大众教育”吗？而在三千弟子中，出类拔萃的有七十多人，按照司马迁的说法，有七十二人；特别难能可贵的是，在这七十二高徒中，顶尖的人才有十来位。如前文提到的德行、言语、政事与文学四科中包含的十位弟子。除此之外，还有孔子晚年招收的弟子曾子和游子。他们被中国教育史、文化史家们公认为孔子出类拔萃的 12 位优秀弟子，这 12 位优秀弟子不就是现在所说的“精英”吗？孔子三千弟子与十二位优秀弟子不就是大众教育与精英教育的美好结合吗？为什么能做得那么好？原因在于孔子善于因材施教，而且把这个教育原则落到实处。其中所隐含的孔子的教育智慧也给了当今教育者两点重要的启发：第一，要从学生实际出发，注重针对性而避免盲目性；第二，要善于发现并注意培养学生的某些特长，反对一刀切和平均主义。

实施“因材施教”的教学法及其智慧

在教育教学过程中，孔子是如何实施“因材施教”这一教育原则的？他运用了哪些教学方法？其背后又包含了孔子的哪些教育智慧呢？如果从方法层面去展开，可以看到孔子最突出、给人印象最深刻的有三条教学法：适性而教、启发诱导、叩竭两端。

这三条具体的教学法是如何配合孔子的因材施教这条教育原则的呢？需要注意的是，孔子的教学法远不止这三条。之所以把这三条教学法列举出来，是因为此三条跟因材施教息息相关，且关系最为密切。首先看“适性而教”。什么是“适性而教”？“性”指性格、品性。“适性而教”强调教师要注意观察、了解学生，熟悉学生的个性，能够用精练的语言准确地评价学生的特征，既包括学生的品德方面，又包括学生的学业表现，从而在此基础上施行针对性的教育。孔子在教学过程中是如何贯彻执行这一教学法的？孔子

[微视频]
“适性而教”的含义

是否能准确地了解学生？是否对学生有准确的评价？《论语》有一些记载。如“由也果”[1]，“由”指的是仲由，即子路。子路性格用一个字表达就是果。用现代汉语来讲就是“果敢”的意思。又如“赐也达”[2]，“赐”就是端木赐，也就是子贡。子贡的特点是一个“达”字。“达”字用现代汉语来表达就是“通达、明达”的意思。再如“求也艺”[3]，“求”指冉求;“艺”字指才艺。“求也艺”，意指冉求这个人多才多艺。这些显然是从学生优点方面做的评价。

孔子又是如何概括评价学生们的缺点和不足的呢？在《论语》中，孔子对学生的缺点也有高度精准的概括。比如“商也不及”[4]，“商”指卜商，也就是卜子夏。前文提到子夏归属“文学科”，博学于文。但是，子夏有没有个性毛病呢？当然有，人无完人，金无足赤。子夏的毛病是他在为人处事方面缩手缩脚，所以老师说他“不及”。“师也过”[5]，“师”指颛孙师，复姓颛孙，师是名字，字子张。颛孙师这个人正好跟子夏相反，做事容易做过头。除了“过”，孔子评价子张时还用了一个“辟”字(“师也辟”[6])，“辟”指思想行为容易走极端，偏激。这两个特点注定了子张成不了孔门“十哲”之一。还有一些评

(1) 朱熹:《四书章句集注·论语集注·雍也》，中华书局 2011 年版，第 84 页。
(2) 朱熹:《四书章句集注·论语集注·雍也》，中华书局 2011 年版，第 84 页。
(3) 朱熹:《四书章句集注·论语集注·雍也》，中华书局 2011 年版，第 84 页。
(4) 朱熹:《四书章句集注·论语集注·先进》，中华书局 2011 年版，第 120 页。
(5) 朱熹:《四书章句集注·论语集注·先进》，中华书局 2011 年版，第 120 页。
(6) 朱熹:《四书章句集注·论语集注·先进》，中华书局 2011 年版，第 121 页。

学生的话，比如“柴也愚”“参也鲁”“由也喭”[1]，意思是：高柴有些愚笨；曾参虽说有很多优点，但是反应比较迟钝；仲由（子路）有些鲁莽。“过犹不及”这个大家耳熟能详的成语就是出自孔子对比评价子夏和子张的。有一回子贡向孔子请教，问老师子夏跟子张，就是颛孙师跟卜商两个人，哪一个更优秀，更出色，也就是说在子贡看来，他们两个人是有优劣的。出乎子贡的意料，孔子说这两个人半斤八两，“师也过，商也不及”，就是说事情做过头跟事情做得不到火候是差不多的。这就是成语“过犹不及”的出处。

孔子之所以能做到因材施教，跟他全面了解学生的个性特点与具体的差异是分不开的。针对学生的个性特点，孔子是如何“适性而教”与贯彻落实因材施教的教育原则的呢？在《论语・先进》中，有这样一则著名的案例，子路问孔子：“闻斯行诸？”[2]即听到一个很好的主张，要马上去做吗？孔子听到子路这样的发问，就教导他“有父兄在，如之何其闻斯行之？”[3]这里面突出了前文所讲“文、行、忠、信”中的“行”之教，即言听与思想学说怎样跟行动相结合的问题。孔子告诉子路说：“不着急，回去问问你的父辈、兄弟。如果家里有父兄，你怎么能够自作主张呢？”前文论及子路的性格特征是直率，敢作敢为，但有些鲁莽，不太注重三思后行，所以孔

［微视频］
“适性而教”
的案例

（1） 朱熹：《四书章句集注・论语集注・先进》，中华书局 2011 年版，第 120—121 页。
（2） 朱熹：《四书章句集注・论语集注・先进》，中华书局 2011 年版，第 121 页。
（3） 朱熹：《四书章句集注・论语集注・先进》，中华书局 2011 年版，第 121 页。

子“适性而教”，针对子路的性格，给出了这样的回答。冉有也问过孔子:“闻斯行诸？”[1]孔子回答说:“闻斯行之。”[2]听到了立马去做就可以了。显然，针对同样的问题，孔子给出的答案却是截然相反的。孔子两种截然不同的回答，被公西华听到了。公西是复姓，公西华，名赤，字子华，就是公西华或者叫公西赤。公西华很纳闷地问孔子:“由也问闻斯行诸，子曰‘有父兄在’；求也问闻斯行诸，子曰‘闻斯行之’。赤也惑，敢问。”[3]孔子回答说:“求也退，故进之；由也兼人，故退之。”[4]冉求这种性格遇事畏缩不前，谨慎小心，一而再，再而三，拿不定主意，所以鼓励他大胆往前走。而子路呢，遇事情比较草率、鲁莽，胆子太大、冒进，所以要抑制一下。在一进一退之间，两个同学的性格便昭然若揭了，因此，这是一则很好的因材施教的案例。需要注意的是，对于学生们所提出“问行”与“问仁”的问题，孔子因材施教，给出的答案是多样的。关于什么是“仁”以及如何“行”的问题，并非像科学问题一样有一个客观唯一的答案。因此，不能将孔子对学生们提出的同一个问题而给出不同的答案误解为其教学不公或教学有误；若如此，便狭隘理解了孔子因材施教的意思。

综而观之，“因材施教”教育原则的前提是老师对学生必须有全面的了解，然后才能给予不同的引导和不同的教育。而孔子在“因材

(1) 朱熹:《四书章句集注·论语集注·先进》，中华书局2011年版，第121页。
(2) 朱熹:《四书章句集注·论语集注·先进》，中华书局2011年版，第121页。
(3) 朱熹:《四书章句集注·论语集注·先进》，中华书局2011年版，第121页。
(4) 朱熹:《四书章句集注·论语集注·先进》，中华书局2011年版，第121—122页。

施教”这个教育原则下，倡导“适性而教”这一具体的教学法，主张老师平时在日常教学活动中，要时刻注意考察学生的各方面表现，包括学习表现、为人处世、待人接物等。这么做，才能在具体的教学和具体的教育实践中最大限度地培养学生形成良好的行为习惯，培养学生各方面的美德。

“启发诱导”是怎么配合“因材施教”这条教育原则的呢？关于“启发诱导”教学法，孔子本人的说法是：“不愤不启，不悱不发，举一隅不以三隅反，则不复也。”[1]这一则典型的、充满教育智慧的教育精言，出现在《论语·述而》篇。怎么理解“愤”和“悱”？从文字学角度讲，“愤”和“悱”都是左右结构，且都是竖心旁，竖心旁的字跟心有关系。“愤”即“心求通而未得之意”[2]，意思是学生对某一个问题正在积极思考，希望想通而又没有想通的一种思维状态。“悱”即“口欲言而未能之貌”[3]，意思是学生对某一个问题有所思考但不成熟，嘴巴想说，但没办法通过精准的语言表达出来的一种状态。贯穿起来看，“不愤不启，不悱不发”，用了语法修辞里面互文见义的修辞手法，其基本含义是：要等到学生处于“愤”和“悱”的状态，老师才能针对学生所处的不同状态进行启发、引导。学生首先自己要主动，要思考，要有想法，实在无法解决问题

[微视频]
启发诱导

(1) 朱熹：《四书章句集注·论语集注·述而》，中华书局 2011 年版，第 92 页。
(2) 朱熹：《四书章句集注·论语集注·述而》，中华书局 2011 年版，第 92 页。
(3) 朱熹：《四书章句集注·论语集注·述而》，中华书局 2011 年版，第 92 页。

时，老师该出手时就出手，拿捏好时机，适时对学生进行启发和引导。“举一隅不以三隅反，则不复也”，基本意思是学生没有达到举一反三的程度，就不要再教下去，不要强行灌输；否则学生会产生逆反心理，结果适得其反。“举一反三”包含两个方面的含义：其一，指学习者在认识或者理解某一事物时能够做到推知另外相似的情况；其二，要求学生能够通过整合与类推，用同类的事例与道理来互相证明。

不管是启发还是引导，它不仅仅强调老师要怎样做，而更多地强调学生的状态、学生的行为动机。学生要积极思考，发现问题，自己努力去探究问题，然后老师再针对性地进行辅导与教育，使学生能够“告诸往而知来者”[(1)]，能够“闻一以知二”[(2)]。在《论语》中还有不少关于孔子对学生进行启发、引导的记录与案例。如孔子启发了子贡对《诗经》中“如切如磋，如琢如磨”[(3)]的理解，以及跟子夏谈到《诗经》中“绘事后素”[(4)]后启发子夏联想到“仁”和“礼”的关系。这些都是很好的启发、引导的案例。

“叩竭两端”又是怎么配合“因材施教”这条教育原则的呢？《论语·子罕》篇有这样的记载：

子曰：“吾有知乎哉？无知也。有鄙夫问于我，空空如也，我叩其两端而竭焉。”[(5)]

---

(1) 朱熹：《四书章句集注·论语集注·为政》，中华书局2011年版，第54页。
(2) 朱熹：《四书章句集注·论语集注·公冶长》，中华书局2011年版，第76页。
(3) 朱熹：《四书章句集注·论语集注·为政》，中华书局2011年版，第54页。
(4) 朱熹：《四书章句集注·论语集注·八佾》，中华书局2011年版，第63页。
(5) 朱熹：《四书章句集注·论语集注·子罕》，中华书局2011年版，第105—106页。

孔子说："我有知识吗？我其实没有知识。有鄙夫来向我求教，我对他谈的问题本来一点儿也不知道。但我就他所问、从他所疑的两端反过来叩问他，一步步问到穷竭处，这样对此问题就可以全部搞清楚了。"意思是说，从所提出的问题始和终、正与反、上与下、左与右两端去启发所提问的人，给他相应的回答。"叩其两端"意即当一个人对某一问题不了解时，只要抓住问题正、反两个矛盾的对立统一面或者说问题的出发点和归宿点反复地叩问，就可以找出正确的答案，获得前所未有的启发、收获与知识。这就是"叩其两端"教学法的基本含义。

当然，这个教学法不仅仅指教学，它还涉及学生的学习方法与学习态度问题。"叩其两端"有两个特征：一是要承认自己"无知""空空如也"；二是要抱有耐心细致、穷索真知的态度，其所谓的"竭"就包含"彻底全面、竭尽全力"的意思。

下面结合教学案例对"叩其两端"进行分析。在《论语》中有这样一则材料：

"宪问耻。子曰：'邦有道，榖；邦无道，榖，耻也。'"[1]

原宪是孔子的弟子，他向孔子请教什么是耻辱。孔子认为，国家有道，一个人出来做官，这是他应该做的。但如果国家无道，为了大富大贵出来做官，这个人便是助纣为虐，是无耻之徒。"紧接着，原宪又问："克、伐、怨、欲不行焉，可以为仁矣？"[2]在原宪看来，是不是做到克

(1) 朱熹：《四书章句集注·论语集注·宪问》，中华书局2011年版，第140页。

(2) 朱熹：《四书章句集注·论语集注·宪问》，中华书局2011年版，第140页。

制自己的好胜之心、自夸、怨恨、贪欲这四种不好的品性就能成就仁德呢？孔子这样回答道："可以为难矣，仁则吾不知也。"[1]意思是，这已经算难得了，但是不是算作仁德，我就不知道了。显然，这则材料是典型的"叩其两端"的教学案例，它表明孔子很善于把握问题的正、反两个方面去启发和引导学生。

孔子在教育过程中贯彻"因材施教"教育原则时，十分注重利用各种各样的教学法去激发学生的心智，培养他们的才能，并创造自由活泼的学习气氛，并为师生提供平等的对话机会。他时常用幽默的谈话方法去丰富和完善"因材施教"这一教育原则。所以孔子无愧为一个了不起的、伟大的教育家、思想家。

"因材施教"的历史影响和当代价值

对孔子的"因材施教"这一教育原则，后人非常重视，并且进行了继承和发展。如宋代著名教育家、理学家程颐所总结的："孔子教人，各因其材，有以政事入者，有以言语入者，有以德行入者。"[2]在程

(1) 朱熹：《四书章句集注·论语集注·宪问》，中华书局 2011 年版，第 140 页。

(2) 程颢、程颐：《二程集·河南程氏遗书卷第十九》，中华书局 2004 年版，第 252 页。

颐之后，许多教育家都广泛吸纳和创造性地理解了孔子所谓的“因材施教”这一教育原则。在现代社会乃至当代社会中，很多教育家、思想家也对孔子的这一教育原则进行了丰富与完善，并赋予它不同的时代内涵。如现代著名人民教育家陶行知（1891—1946），主张教师的教育教学必须从学生的实际情况出发，根据学生的能力去培养学生。面对培养儿童创造力问题时，他说：“需要因材施教。松树和牡丹花所需要的肥料不同，你用松树的肥料培养牡丹，牡丹会瘦死；反之，你用牡丹的肥料培养松树，松树受不了，会被烧死。培养儿童的创造力要同园丁一样，首先要认识他们，发现他们的特点，而予以适宜之肥料、水分、阳光，并须除害虫，这样，他们才能欣欣向荣，否则不能免于枯萎。”[1]像陶行知这样的教育家还有很多，因此孔子“因材施教”的教育原则在现当代教育教学理论中，同样得到了继承和发展。

（1） 董宝良主编：《陶行知教育论著选》，人民教育出版社 2017 年版，第 574 页。

学而优则仕：

儒家学者的教育情怀

◆ 依照孔子的教育智慧，教育与政治之间存在内在的关联。“学而优则仕”这一命题，强调首先着眼于品德修养，相伴而行的是重视知识与经验的学习，进而在具体的社会事务中践行所学。

◆ 儒家亦政亦教的教育情怀，是指儒家学者兼有官员和教师的社会角色，强调政教贯通，以道德教化为重任，倾毕生心血于教育事业而乐在其中，不断在平凡的教育活动中报效社会，成就自我的人生价值。

“学而优则仕”不仅是孔子在他长达四十多年的教育生涯中所秉持的人才培养理念，而且其中暗含着他作为一名儒者希望士人成为德才兼备的君子并积极入世、践行仁政王道、构建天下大同的理想社会的政治愿景与伟大情怀。春秋时代，孔子试图用学而优、举贤贤、任人唯贤的思想改变举亲亲、任人唯亲的政治格局，以打破学在官府的知识垄断，在当时具有很大的历史进步性。不仅如此，“学而优则仕”教育理念或说是教育思想，自孔子开其端后，对之后两千多年的传统中国社会同样产生了深刻而巨大的影响。它与科举制度紧密结合，促进了人才的垂直流动，推动着传统中国的巨轮不断向前行进。虽在历史的长河中，它由做官的重要前提之初始义嬗变为做官的终极目的的引申义，甚至唯一义，但其产生、发展及对中国教育与社会的积极影响，是历史长河所无法淹没的。

“学而优则仕”的含义

什么是“学而优则仕”？“学而优则仕”的基本含义是什么？若对《论语》比较熟悉，可以很快在《论语·子张》篇中找到这句话。这句话出自何人？是不是孔子说的？还是孔子的弟子说的？在品读

《论语》的过程中，可以看到“学而时习之”等很多语言，皆是孔子本人的原话，而“学而优则仕”则出自子夏之口。《论语·子张》篇记载：“子夏曰：‘仕而优则学，学而优则仕。’”(1)大多数人可能对“仕而优则学”不太熟悉，而往往对子夏的后面一句话“学而优则仕”印象非常深刻，特别对读书人来讲“学而优则仕”的影响更大。实际上，这两句话是相辅相成的。若单独拿出“学而优则仕”这句话，怎么去理解？在中国历史上，学者们从不同的学术观点、学术立场给予不同的解释，特别是对子夏的“学而优则仕”众说纷纭。我们只有清楚子夏的本意，然后才能在此基础上洞见“学而优则仕”的基本含义，并揭示其含义的历史演变，搞清楚其产生出了哪些引申义，特别是搞清楚跟中国的教育、政治有什么关联。

子夏这两句话的基本含义是，做了官如果还有多余的时间，就可以去学习，这就是所谓的“仕而优则学”；学习了如果还有多余的时间，就可以去做官，这就是所谓的“学而优则仕”。

“学而优则仕”鲜明地折射出孔子有关教育的基本目的，如果说从教育目的的角度去思考，用一句话来概括孔子的教育理念和教育思想，比较恰当的应该就是“学而优则仕”这句话。“学而优则仕”这句话虽然不是出自孔子本人之口，而是其弟子子夏所说的话，但是实事求是地说，“学而优则仕”的的确确是孔子在人才培养方面所倡导的教育理念，它只不过是子夏能够高度契合孔子的人才教育观，把它

(1) 朱熹：《四书章句集注·论语集注·子张》，中华书局2011年版，第177页。

用高度概括的语言总结出来而已。孔子曾经对子夏提出要求，希望子夏做一个君子儒，不要做一个小人儒。按照孔子的思想，儒生可分为两类，有君子人格的君子儒，还有小人一样的小人儒。它鲜明地表达出孔子的教育目的是要把士人，也就是把读书人培养成君子。君子可以说是孔子儒学教育最重要的培养目标。在“学而优则仕”这一重要的教育理念，或者说教育思想中，“学”“优”“仕”这三个词语应该怎么理解呢？

首先，“学而优则仕”里的“学”有哪些基本含义？我们可以从学习内容、学习材料、学习态度、学习方法等不同层面去把握。如果说从学习内容的角度去看，孔子提倡学习什么呢？本书前面谈过“学而时习之，不亦说乎”[1]的重要性，《论语》开篇“学而时习之，不亦说乎”就鲜明地表达出“学”在孔子教育思想和教育实践活动中的重要性。孔子不仅仅这么说，他本人也亲力亲为，努力向上，好古敏求，而且宣称自己“学而不厌”[2]，特别强调“学而不厌”，对别人则是“诲人不倦”[3]，怀有“有教无类”的教育胸怀。

但是孔子要进行教育教学活动，必定是有教材的，而教材的编写也必定离不开编写者的思想倾向。孔子提出国泰民安的有道社会理想，极力主张为政以德，为国以礼，倡导以仁

［微视频］
“六经”与
“学而优则仕”

（1） 朱熹：《四书章句集注·论语集注·学而》，中华书局2011年版，第49页。
（2） 朱熹：《四书章句集注·论语集注·述而》，中华书局2011年版，第90页。
（3） 朱熹：《四书章句集注·论语集注·述而》，中华书局2011年版，第90页。

的思想去调节人和人以及人和社会之间的关系，目的是稳定社会政治、经济诸多方面的秩序。在孔子德智、仁政、王道的政治思想体系里面，仁是孔子倡导的最高道德标准和各种德性的总和。怎样贯彻落实孔子的政治、经济、文化以及教育思想？怎么达到培养君子这一教育目的呢？在孔子看来，学习内容主要是“六经”，即儒家的基本典籍。孔子编写了六经这几本具有书本形态的教材。“六经”是指《诗》《书》《礼》《乐》《易》《春秋》。关于“六经”的说法，司马迁在《孔子世家》里面高度概括地说：“孔子以“诗”“书”“礼”“乐”教，弟子盖三千焉。”[1]司马迁认为孔子用《诗》《书》《礼》《乐》等教材培养了三千弟子，其中身通六艺、学问学得非常好的有七十二人，即七十二个高足。此外，《庄子・天运》也记载：“丘治《诗》《书》《礼》《乐》《易》《春秋》六经。”[2]“丘”是孔子的名字，指的是孔丘，也就是孔子；“治”有学习、研究、传授等含义。此处明确地谈及孔子用“六经”，即儒家基本典籍去教育、培养学生。在汉武帝“罢黜百家、独尊儒术”以后，儒家经典在官学中的地位得到了高度重视。汉武帝接受了董仲舒的建议，制定罢黜百家、独尊儒术、兴太学、重选举的教育政策。而选拔人才有个前提，就是必须要培养人才，那如何培养人才？就是政府要高度重视学校教育，汉武帝命令兴设太学，太学是汉武帝时期的最高学府。在太学里面学生们学习的重要内容是什么呢？

（1） 司马迁：《史记・孔子世家》，中华书局 2011 年版，第 1734 页。

（2） 杨柳桥：《庄子译诂》，上海古籍出版社 1991 年版，第 292 页。

是“五经”。不是说“六经”吗？到这里怎么变成“五经”了呢？在春秋时代，孔子是编写了“六经”，之所以会少一经，变成“五经”，因为《乐经》，这部关于音乐的儒家经典，在秦朝消失了。据说可能是被秦始皇在“焚书坑儒”中给销毁了。秦始皇的文教政策倡导法家思想，以法为教，排斥儒家思想文化。由于《乐经》这本书的遗失，所以到了汉武帝时代，只存有“五经”。“五经”便成为从汉代，乃至魏晋南北朝唐宋元明清时期的官学、私学，特别是封建社会后半期的书院都大量采用的教材。

上文谈到“学而优则仕”里面的“学”，其学习对象或者说学习内容指的是孔子所编写的六种基本教材，即“六经”。“学而优则仕”在学习态度方面也蕴含着丰富的教育智慧。

在学习态度上，孔子主张笃信、好学，即要真诚地、踏实地去努力学习；要敬畏经典，与经典携行。关于什么是好学，子夏有一段比较精彩的回答。其实子夏本身就是一个好学的楷模，子夏最大的智慧就是博学于文。在《论语·子张》中关于子夏的言论非常多，所以有的学者经考证认为，子夏是《论语》这本书的编写者之一，否则不太可能在《子张》篇中大量出现子夏的语录。

子夏说：“日知其所亡，月无忘其所能，可谓好学也已矣。”[1]每天去认识、了解所不知的东西，每个月不去忘掉所掌握的知识，不断地

（1） 朱熹：《四书章句集注·论语集注·子张》，中华书局 2011 年版，第 176 页。

温故知新，这么做就可以称为好学。“好学”在整个《论语》文本中是一个比较重要的概念。《论语》有六次谈及“好学”的记录，其中包含子夏的这一次。就一个学习者自身的实践活动而言，“好学”是一种体验，也是一个过程。“好学”是一个人生命运行的有机组成部分。在儒家看来，笃信、好学是人生生存的一种需要，也是成就理想人格的一门必修课。“好学”不仅仅是学知识，还要学习怎样去为人处事，怎样去成就理想人格。因此孔子强调：“古之学者为己，今之学者为人。”(1)依照孔子的思想来看，一种人的学习是为了修养，完善自己的知识和道德；而另一种人的学习是装模作样，是为了装点显摆，是做给别人看的，甚至是沽名钓誉，博取称赞。对后一种学习态度，孔子是反对的。

孔子强调好学，认为通过学习才能真正修身乃至参与政治，这也就是“学而优则仕”。孔子特别重视学习以及学习态度。比如说，孔子说过：“吾尝终日不食，终夜不寝，以思，无益，不如学也。”(2)他曾经从白天到黑夜，吃不下睡不着，一直思考却一无所获，还不如脚踏实地认真学习，读一读《诗》《书》《礼》《乐》《易》《春秋》。不仅如此，孔子非常强调人生处处都可以学习，随时随地都可以学习，比如他说：“三人行，必有我师焉。择其善者而从之，其不善者而改之。”(3)孔子主张把学习渗透到人伦、日用的各个方面，强调时时刻刻都应该

(1) 朱熹：《四书章句集注·论语集注·宪问》，中华书局2011年版，第146页。
(2) 朱熹：《四书章句集注·论语集注·卫灵公》，中华书局2011年版，第156页。
(3) 朱熹：《四书章句集注·论语集注·述而》，中华书局2011年版，第95页。

努力提高自己的学问，提高自身修养，以达到笃信、好学，死守善道的境地。

“学而优则仕”里面“优”的基本含义包括两个方面：一个方面是指多余的时间和精力；另一个方面是指优秀，无论是在学习知识方面，还是人生修养方面，都出类拔萃，那就堪称“优”。学者们之所以对“学而优则仕”有众多不同意见，主要是因为“优”在伴随着历史变化发展的过程中，其引申义发生了重大变化以至于与其原义有了巨大的差别。

就其在《论语》本身的语境以及当时特定的时代背景下，“优”实际表达了孔子的哪些思想？宋代理学家朱熹、清代学者刘宝楠、现代学者钱穆以及当代著名教育史学家张瑞璠都专门对“学而优则仕”进行了考证和辨析。朱熹解释：“优，有余力也。”[1]“仕”即参与政治，指从事政治活动和学理研究，追求学问的真理是“理同而事异”，“学”和“仕”是一体两面的，不可分离，像一个硬币一样，缺一不可，相辅相成。也就是说，一个人做事特别是从事政治活动要尽心尽力。如果精力充沛，在将官做得很好的同时可以去学习，这就是所谓的“仕而学”；反之，若学习很好了，有时间和精力，也可以适当地甚至全身心地去投入到政治活动中。清代学者刘宝楠更多地站在汉学家、考据学的立场，将“学”释为“集大成”的意思，即：对学业从容不

（1） 朱熹：《四书章句集注·论语集注》，中华书局2011年版，第177页。

迫、游刃有余而学有心得，然后学以致用，用到实践，就大有收获。

仔细去分析孔子的生平教育活动，我们可以看到孔子非常主张弟子们积极参与政治，而且对为官并取得不俗政绩的弟子表扬甚多，赞美之词溢于言表。比如说他表扬过子路，也表扬过子贡，但是对谄媚权贵的冉有颇有微词。其实孔子并不强迫弟子一定要去学习谋求官职。孔子主张政教合一，政治即教化，教化即政治。无论是在孔子的前半生，还是在其后半生的教育生涯中，孔门弟子为官者有之，不愿为官的人亦大有人在，特别是一些品学兼优的弟子，如颜回。孔子的很多弟子主动放弃做官的机会，反而得到孔子的高度赞扬。因此，不能将“学而优则仕”误解为孔子最高的教育宗旨和教育目的。孔子真正的教育宗旨和教育目的是倡导人们成为德才兼备的君子。培养君子才是孔子最高的教育目的和教育旨趣。

基于上述分析可以判定，子夏所说的“学而优则仕”的“优”的本义，不是简简单单的“优秀”的意思。它有“优秀”的含义，但不能仅仅局限在“优秀”这个层面去理解。从其本义角度来讲，就是学习有余力，有剩余的时间和精力，说明一个学习者学习得法得当，学习自如。如果学习没有快乐，怎么能去参与政治，当官而勤政为民，取得不俗的政绩呢？所以说朱熹等大多数学者都是主张“优”的基本含义是有余力，而有余力不仅仅指学习优秀，它更主要的是指学习达到了可以而且应该去从政的程度。实际上“优”字所表达的更多的是一种程度，就是通过学习达到了可以有兴趣、有机会、有时间、有能力去学以致用，去为人们服务的程度。那这个程度的标准是什么？就是只有达到了君子标准的人才真正达到了“优”的标准，或者说程度。

对于“学而优则仕”里面的“仕”的含义，有的学者将其概括为三种：一是做官。二是“仕”为通假字，通“事情”的“事”，“干事”的“事”。清代学者段玉才在《说文解字注》里对这个“仕”进行了比较详细的考证。三是审查的意思。归纳起来“仕”最重要的含义是指学者读书求学、做学问，务必要结合社会实际，学以致用，也就是儒家的积极入世、参政议政、济世的政治态度。

在封建社会，“仕”具体而言就是一个人有了丰富的学识和相应的道德修养，就应该出来报效社会。胡适在《儒家的有为主义》一文中说：“儒家的特别色彩就是想得君行道，想治理国家。”意思是说，儒家对社会的态度是一种积极有为的，而不是像老庄一样，是消极无为、退隐社会的社会态度。这应该说是孔子积极主张的。孔子希望弟子出仕从政，去影响现实社会政治，以实现社会大同的最高理想，或者说实现小康社会的政治愿景。

孔子这种思想对后世的儒家学者影响很深，比如孟子说：“士之仕也，犹农夫之耕也；农夫岂为出疆舍其耒耜哉？”[1]孟子认为，一个读书人谋求官职，参与政治是理所应当的，就像农民就应该耕田，读书人的责任和义务就应该参政议政，报效国家。一个读书人不为社会服

(1)《孟子·滕文公下》，杨伯峻注，中华书局2012年版，第151页。

务，脱离社会政治，不参政议政，这是一种不道德的行为，背离了知识分子的使命。孔子很多弟子也有这个方面的思想，如子路就曾说过不仕不义的话。积极参政议政，投身于社会，而不是消极回避、隔岸观火，这是儒家人生观跟道家人生观的根本差异。因此，“学而优则仕”的思想影响着一代又一代的儒家知识分子，也直接影响着两千多年传统中国的社会发展。

但是儒家学者的入世并不是无条件的，具体来说，“学而优”是出世，也就是谋求职位、参与政治的一种主观条件；而天下有道是出世的客观条件。也就是说，若一个政府背离百姓的意志，与民为敌，天下无道，作为一个君子就不应该助纣为虐，跟黑暗的政府同流合污。政治清明与否，统治者是否贤能，也是儒家学者权衡人生进与退的重要砝码。这种选择是与儒家知识分子的责任感、使命感、价值观紧密相关的。

总而言之，孔子的“学而优则仕”这一教育理念或者说教育思想的基本内涵主要是强调人在伦理道德修养和知识学问方面达到游刃有余的程度，通过各种途径，将知识外化，进而去影响周边的人和事，从而实现改造社会的目的。孔子提倡“学而优则仕”跟他学以致用、追求仁道的总体价值目标是一致的。“学而优则仕”在很大程度上，也是一个知识分子的价值的体现。在汉代以后的社会发展中，它是知识分子的一条重要出路。可惜孔子生不逢时，他一生有德而无其位的时间很长，大多数时间没有得到诸侯国的重用。在很大程度上来说，孔子的政治人生是失意的，或者说是比较失败的。但是儒家的思想命运在汉代以后，产生了重大的变化，也就是汉武帝采取了独尊儒术、罢黜百家的文化教育政策之后，儒家学者才真正迎来了入世从政的机会，有了施展政治抱负的舞台。

“学而优则仕”的历史影响

［微视频］
“学而优则仕”与科举制度的关联

“学而优则仕”在中国的历史长河不断向前推进的过程中产生了深远的影响，尤其与政治制度安排密切相关。所谓政治制度安排，主要指的是科举制度。那么“学而优则仕”和科举制度到底有怎样的关联？应该如何去评价这种关联？

“学而优则仕”在春秋时期可以说是一个具有进步性的教育理念或者说教育思想，为什么这么说？因为从政治的角度来讲，在春秋时期，特别是孔子之前的政治主流或者说政治格局，基本上是世袭制。所谓世袭，是指贵族垄断了一切政治资源，而平民百姓没有参政议政的机会，自然也就没有机会跨入仕途。概括来说，孔子之前的社会是一个“举亲亲”的爵禄世袭制社会。所谓“举亲亲”，在政治上强调贵族的血统，任人唯亲，而不是任人唯贤。落实在子夏的两句话上，就是其第一句“仕而优则学”。贵族拥有一种与生俱来的政治身份，当官做官就是他们的责任和义务。如果有余力、有闲暇时间，那他们再去读书学习乃至做学问，这是一种现实人生、政治人生。而孔子是反对这种政治立场的，孔子主张“学而优则仕”，这鲜明地表达出孔子“举贤贤”的思想。“举贤贤”就是任人唯贤，而不是强调一个人的门第出身、贵族血统。孔子“举贤贤”这一政治理念的基本意思是强调要给广泛的平民入学机会，有教无类，开放政治舞台。“学而优”是参政议政的一个前提，而儒家知识分子若学而优，那也有义务去为社会服务，积极参政议政，济世为民，实行仁义主张，创造国泰民安的王道社会。

因此，在春秋时代，孔子“学而优则仕”这一教育理念或者说教育思想具有非常重要的历史意义。它不仅在当时的社会有重大影响，更为主要的是，深刻地影响了秦汉以后两千多年的封建社会的发展，影响了读书人的社会人生、社会理想。特别是汉代在政治上采取任人唯贤的选举制度，给了孔子所倡导的“学而优则仕”教育理念或者说教育思想得以在政治上获得制度安排的机会，使得其思想和政治制度高度地整合在一起。孔子开启的“学而优则仕”教育理念或者说教育思想，经过了汉代的发展，尤其到了隋唐时期，随着科举制度的出现，确立了其思想主张的政治制度落实。

在中国历史长河中，时间跨度很长，深刻地影响了社会发展的一个政治制度就是科举制度。那么什么是科举制度？科举制度的特质有哪些？简单地说，所谓科举制度，有两个方面的含义：就广义而言，科举制度是指国家政府设立若干考试科目来选拔政治人才的制度；就狭义而言，科举制度是指国家政府主要以进士科来为国家选拔官吏的政治制度。据历史记载，进士科首次出现在隋炀帝时期，因此，可以说狭义的科举制度的产生和发展时间长达1300年。而广义的科举制度不仅仅限制在进士科，譬如，汉代有孝廉科、茂才科等诸多科目，也分设不同的科目来选拔贤能之士出来做官，它也具有选拔官吏的科举性质。汉代的察举制、魏晋南北朝的九品中正制，从广义上解释，察举制和九品中正制都蕴含科举制度的要义。也就是说，从广泛的科举分科取士而言，科举制度就远远不是从隋唐开始的，而是要更早。

科举制度有几个基本特征：一是它是由国家举办，由中央政府层面来组织考试，而不是地方政府所为，更不是个人所为；二是分科取士，唐朝的科举考试名目繁多，有明经科、明算科、明法科、秀才科，等等；三是自愿报名；四是公开报名，它是开放性的，面向广大知识分子。支撑这四个特征的背后真正的核心理念就是“学而优则仕”。

科举制度强调读书有用。从理论上，它准许所有的读书人通过读书、应试去改变自己的社会地位，而不是仅仅局限在少数的贵族统治集团，它通过广纳贤才给广大的庶民知识分子登上政治舞台、实现政治抱负的机会。由于科举制度场面宏大，而且在乡试、会试乃至殿试等各级考试中都会举行各种仪式和典礼，这些仪式和典礼对知识分子有很强的教化和感召作用，因此科举制度对知识分子的影响面是很广泛的。从学校的内部环境来讲，官学显然是科举考试的正统体系。而唐宋以后的各级各类学校，还有很多的私学、书院等教育机构也都是以科举考试为教育宗旨的。特别是到了元代，书院呈现出明显的官学化色彩。明清时期，书院也基本上沦为科举的附庸。从学校的外部环境来讲，“学而优则仕”教育理念的影响也涉及非读书人，即使是目不识丁的人也知道崇拜文化、敬畏文化，以至于形成了“万般皆下品，唯有读书高”这么一种社会风向。可以说，唐、宋、元、明、清的社会是比较典型的科举社会。从教育理念的角度来说，它无疑表明“学而优则仕”成为中国传统教育的主导。

从“学而优则仕”这一教育理念或者说教育思想的产生来看，孔子的贡献无疑是巨大的。他改变了旧有的政治格局，用举贤贤、任人唯贤去反对举亲亲、任人唯亲，打破了学在官府的教育格局，“学而优则仕”的教育理念或者说教育思想，具有很大的历史进步性，但是，随着时代的发展，“学而优则仕”的教育理念或者说教育思想的命运有发展、有改变，产生了正、反两方面的影响。

[微视频] “学而优则仕”的历史影响

就其正面的积极影响而言，它在汉代至清代这两千多年的选举社会中强调人才选拔，它也促进了人才的垂直流动，使没有政治身份的平民家庭、庶族人群有机会得到政治晋升。而选举制或者说科举制充分地保证了“学而优则仕”这一教育理念或者说教育思想得以落实。若用更开阔的教育视野来看，特别是跟外国的教育历史做比较，我们可以更加明显地发现“学而优则仕”的教育智慧所在。

科举社会不同于古代西方的世袭社会，也不同于现代西方的民主社会。古代西方的世袭制度可以在柏拉图的人性论里得到比较充分的表述，柏拉图认为人们虽然是在同一个国家里生长、发展，彼此都是兄弟，但是老天在铸造人们的时候，在有些人身上加入了黄金，这些人因而是最宝贵的，是统治者。用他的哲学术语和教育学术语来讲就是哲学王。在军人身上，老天给他们加入了白银，在农民和百工身上加入了铜和铁。显然柏拉图把人分为几等，最高等的是黄金人，次等的是白银人，最差的是铜人、铁人。而且柏拉图还认为一个人属于哪一种，他所生下的子女也属于哪一种，这种人性论显然跟孔子的人性论相差很大。孔子讲“性相近也，习相远也”，而且孔子还特别强调人人只要努力，不要自我放弃，都有可能成为君子。孟子更加明确地概括发展了孔子的思想，他指出“人皆可以为圣贤”。荀子也讲“人皆可以为尧舜”。特别难能可贵的是，儒家所倡导的“学而优则仕”教育理念或者说教育思想，是跟传统教育理念所倡导的“有教无类”“性相近，习相远”这些基本的哲学主张息息相关的。若与现在西方社会，尤其是与基督教以后的西方社会发展和形成的现代民主教育，强调义务教育、高等教育大众化等一系列的制度安排和社会实践相比，儒家所倡导的“学而优则仕”跟它们是有很大差别的。儒家所倡导的“学而优则仕”是强调人才垂直流动的一种开放机制。正是这么一种制度化的安排，使中国成为礼乐之邦以及崇尚文教的社会，特别是唐、宋、元、明、清时期的中国，尤其是唐朝，它是一个文化和文明都高度繁荣、人才多种多样的社会，这其中跟因材施教、有教无类，特别是“学而优则仕”和科举制度的安排紧密相关。

当然，在传统中国社会中，这种人才的流动、人才的选拔以及人才的培养跟现代西方社会相比还是有很大差距的。为什么这么说呢？这是因为“学而优则仕”给整个传统中国社会也造成了一些负面的影响。在科举制度下，一些知识分子的人格是扭曲的。当然这不能完全怪罪于“学而优则仕”这个教育理念或者说教育思想，主要应该归因于落后的、专制的封建政治制度。在封建社会后期，仕人为求取功名，更是形成了“万般皆下品，唯有读书高”“一心只读圣贤书，两耳不闻窗外事”的社会现象。其中缘由，是人们误读了，甚至误用了孔子原来所谓的“学而优则仕”的思想真谛，背离了孔、孟、荀原始儒家所倡导的“学而优则仕”的基本价值观，把儒家原本的“学而优则仕”真正的有价值的思想扭曲化了、异化了。因此，到了1905年，袁世凯、张之洞等人联名上奏清王朝，要求废除科举制度，兴办新式学校，向西方学习。当然，其目的也是要顺应社会发展，培养各方面所需的人才，而不是仅仅培养政治人才，做官不是读书人唯一的出路。

反观两千多年的传统中国社会教育与政治的关系，实际上“学而优则仕”，表达了孔子政教合一的人生理想，但其后世的中国社会发展始终摆脱不了教育从属于政治的怪圈，教育没有独立性，这也是“学而优则仕”命题当中所内含的一种思想、一种必然结果。怎样走出怪圈，消除“学而优则仕”思想的负面影响，使当代中国教育发展得更好，这是需要当今世人去思考的。

学仕之间：亦政亦教的教育情怀

孔子作为儒家学派的奠基人物，出入于为学与为仕之间，但他一生最有影响的活动是教育。无论在政事繁杂、身居要位之际，还是在周游列国、颠沛流离之时，孔子都心系教育，培养人才。他以有教无类、倡明教化为己任，其弟子之多、从教时间之长和影响之深，特别是孔子对教育源自内心而生发钟爱之情，始终不渝地相信教育的力量，的确堪为中国教育史上的典范，且极大地影响着一代又一代儒家学者的教育情怀。

亦政亦教的教育情怀，是指儒家学者兼有官员和教师的社会角色，强调政、教贯通，以道德教化为重任，倾毕生心血于教育事业而乐在其中，不断在平凡的教育活动中报效社会，成就自我的人生价值。

历史地看，儒家学者并非一种固定的职业身份，而是泛指以孔子学说为思想依归的读书人或知识分子。

打开历史上的儒家人物画卷，我们可以发现几乎所有的儒家学者都沿循“学而优则仕”的轨道，其中大多数人行走在亦政亦教之间，有的虽短暂为官，然终其一生都在立德树人，兴学从教。比如，宋代的理学教育家周敦颐、程颢、程颐、张载、朱熹、陆九渊，明代的心学教育家湛若水、王守仁等。他们践行有教无类的办学理念，或在官学，或在书院，对求学者不论贵贱，一概悉心教育；在给学生讲学的同时，还不时解囊相助，向经济困难的学生提供衣物食宿，充分展现出师者的精神气质和思想境界。

在以士、农、工、商为结构的传统社会中，士人普遍抱有“学而优则仕”的政治文化心理。这一文化心理的主要表征是，主张政教合一，强调伦理道德和政治教化的作用。影响所及，儒家学者身上便呈现出亦政亦教的鲜明色彩。一方面是通过修养德性和学习知识，通过政治官员的选拔，进而实现修己以安人的政治抱负；另一方面则是把政治视为一种教化人心的过程，把为政的本质看作完善自身而感化他者的教育活动。所以，当鲁国的贵族季康子问什么是政治，孔子毫不犹豫地答道:“政者，正也。子帅以正，孰敢不正？”(1)即：为政的关键在于正己。自己的思想言行端正了，就给别人做了榜样，大家效仿了，就会出现政通人和的局面。明白这一点，就不难理解孔子何以高度赞美尧、舜、禹了，其根本的缘由即是尧、舜、禹以身作则，用高尚的理想人格去教化万民，从而取得善治天下的美名。

孔子一生的活动皆以“学”为中心，希望成为一个学识渊博的学者，进而做一个教人如何做君子的良师，正如他本人所总结的那样：“吾十有五而志于学，三十而立，四十而不惑，五十而知天命，六十而耳顺，七十而从心所欲，不逾矩。”(2)这里述及自己十五岁时就确立了学习内容和学习目的，开始系统学习司礼、作乐、射箭、御车、书写、计算方面的实用知识，同时主动学习《诗》《书》《礼》《乐》《易》

(1) 朱熹:《四书章句集注·论语集注·颜渊》，中华书局 2011 年版，第 130 页。
(2) 朱熹:《四书章句集注·论语集注·为政》，中华书局 2011 年版，第 55—56 页。

《春秋》方面的文献知识，这些古代典籍是孔子青年时期重点学习的文化知识，也是他后来设学授徒所教的核心内容。"三十而立"指孔子教育生涯中的重要转折点。"立"的指向是"立于礼"，在孔子看来，"礼"意味着自然秩序和社会秩序的完美形式。他经常教导学生言行举止要"约之以礼"，努力做到"非礼勿视，非礼勿听，非礼勿言，非礼勿动"[1]，一言以蔽之，"立于礼"，意即自己的言行举止能与自己所处的社会地位相吻合，自然就可立足社会了。正是从三十岁开始，孔子正式步入错综复杂的世界，积极投身于政治生活，大力兴办私学，传播仁义学说。年届四十的时候，孔子对什么都能看得透，想得明白，已然达到了智者不惑的境界。"五十而知天命"是坦言自己能够洞察人间百态，明辨是非得失。迈入耳顺之年的六十岁时，完全做到了泰然自若地面对一切逆耳之言，心不为其所动。在十四年的周游列国活动结束后，六十八岁的孔子回到鲁国，专心于教育，尽心研究，和弟子们一起整理历史文献，教学相长激发出的欢愉使孔子达到了"从心所欲，不逾矩"的自由之境。

毋庸讳言，在现实中孔子的政治人生充满遗憾；但就教育人生来说，孔子可谓成就斐然，功德圆满。他单凭一己之力就培养出三千弟子，优秀弟子多达七十二人，并且提出了许多富有智慧的教育思想命题，深刻地影响着中国传统教育的历史发展。孔子为什么能够取得如此巨大的教育成就？其中的因素固然不少，但至少有这样几点是可以

(1) 朱熹：《四书章句集注·论语集注·颜渊》，中华书局 2011 年版，第 125 页。

确定的，那就是孔子对教育事业满怀热情，能够营造出师生平等的和谐氛围，持续关注学生的个性化发展，善于把握教育发展的阶段性和连续性关系，长于处理教学之间的种种矛盾。孔子的教育智慧值得我们学习借鉴的实在太多。但是，最值得我们学习借鉴的应该是孔子对教育事业的那种矢志不移、心怀敬畏和乐在其中的情怀，恰如司马迁所言："学道不倦，诲人不厌，发愤忘食，乐以忘忧，不知老之将至。"[1]

(1) 司马迁:《史记·孔子世家》，中华书局 2011 年版，第 1726 页。

附录一：孔子年谱简表

时间				年龄	主要活动地域	大事
周天子纪年	鲁君纪年	干支纪年	公元纪年			
周灵王二十一年	鲁襄公二十二年	庚戌	公元前551年	1岁	鲁国	孔子生于鲁国陬邑昌平乡，诞日为九月二十八日。因父母祷于尼丘山而生，故名丘，字仲尼。
周灵王二十三年	鲁襄公二十四年	壬子	公元前549年	3岁	鲁国	父叔梁纥卒，葬于防山。孔子随母颜徵移居鲁国都城曲阜阙里。
周灵王二十五年	鲁襄公二十六年	甲寅	公元前547年	5岁	鲁国	弟子秦商出生。商字不慈，鲁国人。
周灵王二十六年	鲁襄公二十七年	乙卯	公元前546年	6岁	鲁国	1. 孔子受母教诲，自幼好礼，“为儿嬉戏，常陈俎豆，设礼容。”（《史记·孔子世家》） 2. 弟子颜繇出生。繇又名无繇，字路，又称颜路。颜渊之父。鲁国人。
周灵王二十七年	鲁襄公二十八年	丙辰	公元前545年	7岁	鲁国	弟子冉耕出生。耕字伯牛，鲁国人。
周景王三年	鲁襄公三十一年	己未	公元前542年	10岁	鲁国	弟子仲由出生。由字子路，又字季路，鲁国人。
周景王五年	鲁昭公二年	辛酉	公元前540年	12岁	鲁国	弟子漆雕开出生。开字子开，又字子若，蔡国人。

续表

时间				年龄	主要活动地域	大事
周天子纪年	鲁君纪年	干支纪年	公元纪年			
周景王七年	鲁昭公四年	癸亥	公元前538年	14岁	鲁国	孔子说："吾少也贱，故多能鄙事。"（《论语·子罕》）
周景王八年	鲁昭公五年	甲子	公元前537年	15岁	鲁国	孔子曾说："吾十有五而志于学。"（《论语·为政》）
周景王九年	鲁昭公六年	乙丑	公元前536年	16岁	鲁国	弟子闵损出生。损字子骞，鲁国人。
周景王十年	鲁昭公七年	丙寅	公元前535年	17岁	鲁国	母颜徵在卒。
周景王十二年	鲁昭公九年	戊辰	公元前533	19岁	鲁国	孔子娶宋人亓官氏为妻。
周景王十三年	鲁昭公十年	己巳	公元前532年	20岁	鲁国	1. 孔子得子，名鲤，字伯鱼。因鲁昭公以鲤鱼赐孔子，故名鲤，字伯鱼。 2. 孔子为委吏，管理仓库。
周景王十四年	鲁昭公十一年	庚午	公元前531年	21岁	鲁国	孔子改作乘田，管理畜牧。
周景王十五年	鲁昭公十二年	辛未	公元前530年	22岁	鲁国	弟子南宫适出生。适，又名绦，字子容，谥敬叔。孟懿子之兄。鲁国人。

续表

时间				年龄	主要活动地域	大事
周天子纪年	鲁君纪年	干支纪年	公元纪年			
周景王二十年	鲁昭公十七年	丙子	公元前525年	27岁	鲁国	郯子朝鲁，孔子见之，学习古代官名知识。
周景王二十二年	鲁昭公十九年	戊寅	公元前523年	29岁	鲁国	孔子学琴于师襄。
周景王二十三年	鲁昭公二十年	己卯	公元前522年	30岁	鲁国	1. 孔子曾说："三十而立。"（《论语·为政》） 2. 孔子开始授徒。颜路、子路、曾点等人先后从学。 3. 弟子颜回、冉雍、冉求、商瞿、梁鳣出生。回字子渊，鲁国人；雍字仲弓，鲁国人；求字子有，鲁国人；瞿字子木，鲁国人；鳣字叔鱼，齐国人。
周景王二十四年	鲁昭公二十一年	庚辰	公元前521年	31岁	鲁国	弟子巫马施、高柴、宓不齐出生。施字子旗，又作子期，鲁国人；柴字子羔，卫国人；不齐字子贱，鲁国人。
周景王二十五年	鲁昭公二十二年	辛巳	公元前520年	32岁	鲁国	弟子端木赐出生。赐字子贡，卫国人。
周敬王二年	鲁昭公二十四年	癸未	公元前518年	34岁	鲁国	1. 鲁大夫孟僖子临终嘱其子仲孙何忌（即孟懿子）向孔子学礼。 2. 孔子问礼于老子，观周朝文物制度。 3. 孔子问乐于苌弘。

续表

时间				年龄	主要活动地域	大事
周天子纪年	鲁君纪年	干支纪年	公元纪年			
周敬王三年	鲁昭公二十五年	甲申	公元前517年	35岁	齐国	1. 孔子因鲁乱适齐。 2. 孔子在齐闻韶乐，三月不知肉味。 3. 齐景公问政于孔子，孔子说：“君君、臣臣、父父、子子。”（《论语·颜渊》） 4. 景公欲以尼溪之田封孔子，因晏子阻挠，未果。
周敬王五年	鲁昭公二十七年	丙戌	公元前515年	37岁	齐国	1. 吴季札聘齐，其长子卒，葬于嬴博之间，孔子自鲁往观其葬礼。 2. 弟子樊须、原宪出生。须字子迟，鲁国人；宪字子思，宋国人。
周敬王六年	鲁昭公二十八年	丁亥	公元前514年	38岁	鲁国	晋魏献子执政，举贤才，孔子认为其“近不失亲，远不失举，可谓义矣。”（《左传·昭公二十八年》）
周敬王八年	鲁昭公三十年	己丑	公元前512年	40岁	鲁国	1. 孔子曾说：“四十而不惑。”（《论语·为政》） 2. 弟子澹台灭明出生。灭明字子羽，鲁国人。
周敬王九年	鲁昭公三十一年	庚寅	公元前511年	41岁	鲁国	弟子陈亢出生。亢字子禽，陈国人。
周敬王十一年	鲁定公元年	壬辰	公元前509年	43岁	鲁国	弟子公西赤出生。赤字子华，，亦称公西华，鲁国人。

续表

时间				年龄	主要活动地域	大事
周天子纪年	鲁君纪年	干支纪年	公元纪年			
周敬王十三年	鲁定公三年	甲午	公元前507年	45岁	鲁国	弟子卜商出生。商字子夏，卫国人。
周敬王十四年	鲁定公四年	乙未	公元前506年	46岁	鲁国	弟子言偃出生。偃字子游，吴国人。
周敬王十五年	鲁定公五年	丙申	公元前505年	47岁	鲁国	1. 阳货见孔子，劝孔子出仕，孔子口头应允但实际未仕。 2. 弟子曾参、颜幸出生。参字子舆，鲁国人；幸字子柳，鲁国人。
周敬王十六年	鲁定公六年	丁酉	公元前504年	48岁	鲁国	端木赐、公良孺、漆雕开、商瞿、巫马施、冉雍、冉求等弟子从学。
周敬王十七年	鲁定公七年	戊戌	公元前503年	49岁	鲁国	弟子颛孙师出生。师字子张，陈国人。
周敬王十八年	鲁定公八年	己亥	公元前502年	50岁	鲁国	1. 孔子曾说："五十而知天命。"（《论语·为政》） 2. 公山不狃召孔子，孔子欲往，因子路反对而未果。
周敬王十九年	鲁定公九年	庚子	公元前501年	51岁	鲁国	1. 孔子任中都宰。 2. 弟子冉鲁、曹卹、伯虔、颜高、叔仲会出生。鲁字子鲁，鲁国人；卹字子循，蔡国人；虔字子析，鲁国人；高字子骄，鲁国人；会字子期，鲁国人。

续表

时间				年龄	主要活动地域	大事
周天子纪年	鲁君纪年	干支纪年	公元纪年			
周敬王二十年	鲁定公十年	辛丑	公元前500年	52岁	鲁国	1. 孔子由中都宰升为小司空，又升大司寇，摄相事。 2. 孔子相鲁定公，与齐景公会于夹谷。
周敬王二十一年	鲁定公十一年	壬寅	公元前499年	53岁	鲁国	孔子为鲁司寇。
周敬王二十二年	鲁定公十二年	癸卯	公元前498年	54岁	鲁国	1. 孔子任鲁国大司寇，子路为季氏宰，鲁定公听孔子主张而堕三都。堕郈，堕费。但堕成，招致失败。 2. 弟子公孙龙出生。龙字子石，楚国人。
周敬王二十三年	鲁定公十三年	甲辰	公元前497年	55岁	卫国	1. 孔子率颜回、子路、子贡、冉有等弟子开始周游列国。在卫国居住十个月。 2. 孔子离卫适陈，经过匡被困之难，又返卫。
周敬王二十四年	鲁定公十四年	乙巳	公元前496年	56岁	卫国	孔子在卫国，见南子，子路不悦。
周敬王二十七年	鲁哀公二年	戊申	公元前493年	59岁	卫宋之间	1. 孔子说：“苟有用我者，期月而已可也，三年有成。”（《论语·子路》） 2. 孔子离卫适宋，途中与弟子习礼于大树下。宋司马桓魋欲杀之，孔子微服去，奔往郑国，后取道适陈。

续表

时间				年龄	主要活动地域	大事
周天子纪年	鲁君纪年	干支纪年	公元纪年			
周敬王二十八年	鲁哀公三年	己酉	公元前492年	60岁	陈国	1. 孔子在陈而居三年。 2. 季桓子卒，遗言其子季康子召孔子回鲁，因公之鱼的阻拦，只召回了冉求。 3. 孔子曾说：“六十而耳顺。”（《论语·为政》）
周敬王三十一年	鲁哀公六年	壬子	公元前489年	63岁	陈蔡之间	1. 因吴伐陈，孔子离陈。绝粮于陈、蔡之间。 2. 由楚返卫，偶遇楚狂接舆。
周敬王三十二年	鲁哀公七年	癸丑	公元前488年	64岁	卫国	孔子应答子路“正名”问题，说：“必也正名乎！”（《论语·子路》）
周敬王三十三年	鲁哀公八年	甲寅	公元前487年	65岁	卫国	孔子在卫。吴伐鲁，结果战败，弟子有若参战有功。
周敬王三十五年	鲁哀公十年	丙辰	公元前485年	67岁	卫国	夫人亓官氏卒
周敬王三十六年	鲁哀公十一年	丁巳	公元前484年	68岁	鲁国	1. 孔子从卫归鲁，结束十四年的周游列国之旅。 2. 季孙氏欲加征田赋，访于孔子，孔子反对重赋于民。
周敬王三十七年	鲁哀公十二年	戊午	公元前483年	69岁	鲁国	1. 孔子与鲁太师论乐。 2. 孔鲤卒。

续表

时间				年龄	主要活动地域	大事
周天子纪年	鲁君纪年	干支纪年	公元纪年			
周敬王三十八年	鲁哀公十三年	己未	公元前482年	70岁	鲁国	1. 孔子自言："七十而从心所欲，不逾矩。"（《论语·为政》） 2. 孔子晚而喜《易》，"读《易》，韦编三绝"。（《史记·孔子世家》）
周敬王三十九年	鲁哀公十四年	庚申	公元前481年	71岁	鲁国	1. 西狩获麟，孔子绝笔《春秋》。 2. 颜回卒。孔子悲恸，说："噫！天丧予！天丧予！"（《论语·先进》）
周敬王四十年	鲁哀公十五年	辛酉	公元前480年	72岁	鲁国	子路卒。《礼记·檀弓上》记载："孔子哭子路于中庭，有人吊者而夫子拜之。既哭，进使者而问故，使者曰：'醢之矣。'遂命覆醢。"
周敬王四十一年	鲁哀公十六年	壬戌	公元前479年	73岁	鲁国	夏四月己丑孔子卒，葬于鲁城北。弟子皆服三年，唯子贡庐墓六年。

附录二：

《论语》教育智慧精言

一、学而不厌

1. 子曰:“默而识之,学而不厌,诲人不倦,何有于我哉?” (《论语·述而》7·2)

【译解】

孔子说:“把所见所闻默记在心,学习努力而从不满足,教导别人而从不厌倦,除了这些事情我还有什么呢?”

2. 子曰:“十室之邑,必有忠信如丘者焉,不如丘之好学也。” (《论语·公冶长》5·27)

【译解】

孔子说:“即使十户人家的小地方,也肯定会有像我这样忠诚和信实的人,但没有像我这样喜好学习的人。”

3. 子曰:“吾十有五而志于学。” (《论语·为政》2·4)

【译解】

孔子说:“我15岁时,就立志向学。”

4. 子入大庙,每事问。 (《论语·八佾》3·15)

【译解】

孔子进入周公庙,每件不明白的事情都向人细细发问。

5. 发愤忘食,乐以忘忧,不知老之将至云尔。 (《论语·述而》7·18)

【译解】

学习用功时连吃饭也忘了,心里快乐时连忧愁也忘了,这样连自己老境将到也没有察觉，如此罢了。

6. 子曰：“学而不思则罔，思而不学则殆。” （《论语·为政》2·15）

【译解】

孔子说：“只读书而不深思，就会陷于迷茫；只空想而不读书，就会困惑不断。”

7. 子曰：“学如不及，犹恐失之。” （《论语·泰伯》8·17）

【译解】

孔子说：“学了怕赶不上，学后怕遗忘。”

8. 子曰：“君子食无求饱，居无求安，敏于事而慎于言，就有道而正焉，可谓好学也已。” （《论语·学而》1·14）

【译解】

孔子说：“君子饮食不讲求丰足，居住不讲求安逸，做事勤勉，说话谨慎，向德才俱优的人学习来匡正是非，这样就算得上喜好学习了。”

9. 子曰：“敏而好学，不耻下问。” （《论语·公冶长》5·14）

【译解】

孔子说：“智慧勤勉而喜好学习，向比自己地位低的人请教而不以为耻。”

10. 子夏曰：“日知其所亡，月无忘其所能，可谓好学也已矣。”

（《论语·子张》19·5）

【译解】

子夏说：“每天知道一些新的知识，每月巩固已学到的知识，这可以叫作喜好学习了。”

11. 子夏曰:“贤贤易色,事父母能竭其力,事君能致其身,与朋友交言而有信。虽曰未学,吾必谓之学矣。” (《论语·学而》1·7)

【译解】

子夏说:“对妻子要重品德而轻容貌,对父母要尽心敬养,对国家要鞠躬尽瘁,对朋友要讲话诚信。能够做到这样的人虽然表示没有学问,但我一定认为他是很有教养的。”

12. 子夏曰:“仕而优则学,学而优则仕。” (《论语·子张》19·13)

【译解】

子夏说:“官做好了,如果有余力和时间,就应当去学习;学习优秀,如果有余力和时间,就应当参与政事,把学问付诸实践。”

13. 有颜回者好学,不迁怒,不贰过。 (《论语·雍也》6·2)

【译解】

有一个叫颜回的最喜好学习,他从不把怒气发向别人,如有过错也不重犯。

14. 子谓颜渊,曰:“惜乎!吾见其进也,未见其止也。” (《论语·子罕》9·20)

【译解】

孔子谈到颜回,说:“他死得多可惜呀!我只看见他不断进步,从未看到他停止努力学习。”

15. 好仁不好学,其蔽也愚;好知不好学,其蔽也荡;好信不好学,其蔽也贼;好直不好学,其蔽也绞;好勇不好学,其蔽也乱;好刚不好学,其蔽也狂。

(《论语·阳货》17·8)

【译解】

偏好仁德而不喜好学习，它的弊端是容易受人愚弄；好要聪明而不喜好学习，它的弊端是容易导致放荡；好讲守信而不喜好学习，它的弊端是容易遭受伤害；好求耿直而不喜好学习，它的弊端是容易伤人误事；好强斗勇而不喜好学习，它的弊端是容易犯错闯祸。好执刚强而不喜好学习，它的弊端是容易胆大妄为。

二、有教无类

1. 子曰："有教无类。" （《论语·卫灵公》15·38）

【译解】

孔子说："我对学生不分类别，都愿意教育他们。"

2. 子曰："自行束脩以上，吾未尝无诲焉。" （《论语·述而》7·7）

【译解】

孔子说："15 岁以上愿意来学习的，我没有不教诲的。"

3. 子适卫，冉有仆。子曰："庶矣哉！"冉有曰："既庶矣，又何加焉？"曰："富之。"曰："既富矣，又何加焉？"曰："教之。" （《论语·子路》13·9）

【译解】

孔子前往卫国，冉有为他驾车。孔子说："卫国人口真是多呀！"冉有问："人口那么多，该怎么办呢？"孔子回答："使他们富裕起来。"冉有接着问："富裕了又该怎么办？"孔子回答："让他们接受教育。"

4. 互乡难与言，童子见，门人惑。子曰："与其进也，不与其退也，唯何甚！人洁

己以进，与其洁也，不保其往也。”（《论语·述而》7·28）

【译解】

互乡这个地方的人很难打交道，但孔子接见了该地的一个少年，学生们疑惑不解。孔子说:“要鼓励进步，反对退步，何必做得太过分？人家洁身自好而要求上进，这种表现应受到称赞，而不应遭到非议。”

5. 子曰:“吾有知乎哉？无知也。有鄙夫问于我，空空如也，我叩其两端而竭焉。”

（《论语·子罕》9·7）

【译解】

孔子说:“我有知吗？其实我是无知的呀！有鄙夫向我请教，他一无所知，显得心很空，但他态度诚恳，我因应他的问题，从因果、利弊、正反、本末几方面入手展开讨论，然后尽力解释明白。”

6. 子曰:“后生可畏，焉知来者之不如今也？四十、五十而无闻焉，斯亦不足畏也已。”（《论语·子罕》9·22）

【译解】

孔子说:“年轻人是值得敬畏的，怎么能断定他们将来比不上我们这辈人呢？如果四五十岁还没有一点儿名声，那就不值得敬畏了。”

三、诲人不倦

1. 子曰:“若圣与仁，则吾岂敢？抑为之不厌，诲人不倦，则可谓云尔已矣。”公西华曰:“正唯弟子不能

学也。” （《论语·述而》7·33）

【译解】

孔子说：“如果说我是圣人和仁人，我怎么敢当？我不过努力学习而不满足，教诲别人而不知疲倦，如此罢了。”公西华说：“这正是我们学生一辈子也做不到的地方。”

2. 子曰：“爱之，能勿劳乎？忠焉，能勿诲乎？” （《论语·宪问》14·8）

【译解】

孔子说：“关爱学生，能不为学生付出操劳吗？忠于学生，能不为学生尽心教诲吗？”

3. 或谓孔子曰：“子奚不为政？”子曰：“《书》云：‘孝乎惟孝，友于兄弟，施于有政。’是亦为政，奚其为为政？” （《论语·为政》2·21）

【译解】

有人问孔子说：“您怎么不去从政呀？”孔子答道：“《尚书》中说：‘尽孝父母，友爱兄弟，并将这些行为及其思想延伸到政治领域。’这也就是参与政事了，为什么非得为官从政呢？”

4. 子曰：“温故而知新，可以为师矣。” （《论语·为政》2·11）

【译解】

孔子说：“在温习所得的知识过程中，能有新的体会、新的发现，就称得上良师了。”

四、因材施教

1. 樊迟问知。子曰：“务民之义，敬鬼神而远之，可谓知矣。”问仁。曰：“仁者先难而后获，可谓仁矣。” （《论语·雍也》6·20）

【译解】

樊迟问怎样才算得上明智。孔子回答:“尽力做有利于百姓的事,对鬼神心怀敬畏而远离它们,可以算是明智了。”樊迟又问怎样才算得上有仁德。孔子回答:“有仁德的人做难事勇于争先,对回报总是甘居人后,这样可算是有仁德了。”

2. 仲弓问仁。子曰:“出门如见大宾,使民如承大祭。己所不欲,勿施于人。在邦无怨,在家无怨。” (《论语·颜渊》12·2)

【译解】

仲弓问怎样才算有仁德。孔子回答:“出门待人要恭敬礼貌,就像接待贵宾一样尊敬;领导百姓要尽心尽力,就像承当祭祀一样谨慎。自己不想做的事情,不要强加给别人。无论在邦国,还是在家里,都要任劳任怨。”

3. 司马牛问仁。子曰:“仁者其言也讱。”曰:“其言也讱,斯谓之仁已乎?”子曰:“为之难,言之得无讱乎?” (《论语·颜渊》12·3)

【译解】

司马牛问怎样才算有仁德。孔子回答:“有仁德的人说话常常谨慎缓慢。”司马牛又问:“说话谨慎缓慢,这就算是有仁德了吗?”孔子回答:“由于把事情做好很难,因此说话能不谨慎考虑吗?”

4. 樊迟问仁。子曰:“爱人。” (《论语·颜渊》12·22)

【译解】

樊迟问怎样才算有仁德。孔子回答:“关爱他人。”

5. 樊迟问仁。子曰："居处恭，执事敬，与人忠。虽之夷狄，不可弃也。"

（《论语·子路》13·19）

【译解】

樊迟问怎样才算得上有仁德。孔子回答："平日起居应谨慎，处理事务应认真，接物待人应尽心。即使到了夷狄之邦，这三种德行也不该丢弃。"

6. 子张问仁于孔子。孔子曰："能行五者于天下，为仁矣。"请问之。曰："恭、宽、信、敏、惠。恭则不侮，宽则得众，信则人任焉，敏则有功，惠则足以使人。"

（《论语·阳货》17·6）

【译解】

子张问孔子如何成就仁德。孔子回答："能够处处实行五种德行，便是有仁德了。""请问是哪五种。"孔子回答："谨慎、宽容、诚信、勤敏、普惠。谨慎就不会为人所侮辱，宽容就能得到众人理解，诚信就能得到别人信任，勤敏就能取得功业成就，普惠就能得到他人拥戴。

7. 孟懿子问孝。子曰："无违。"樊迟御，子告之曰："孟孙问孝于我，我对曰'无违'。"樊迟曰："何谓也？"子曰："生，事之以礼；死，葬之以礼，祭之以礼。"

（《论语·为政》2·5）

【译解】

孟懿子问怎样才称得上孝。孔子回答："不要违背礼节。"樊迟为孔子赶车，孔子告诉他："孟孙问我怎样才称得上孝，我回答说：'不要违背'。"樊迟问道："这是什么意思？"孔子答道："父母在世，按照礼节侍奉他们；父母去世，按照礼节安葬他们，按照礼节祭祀他们。"

8. 子游问孝。子曰："今之孝者，是谓能养。至于犬马，皆能有养；不敬，何以

别乎？” (《论语·为政》2·7)

【译解】

子游问怎样才称得上孝。孔子回答:“当下的人只把能够养活父母称作孝。就是犬马也一样有吃有喝;假如对父母缺乏敬爱之心,那么跟养活犬马又有什么区别呢？”

9. 子夏问孝。子曰:“色难。有事弟子服其劳,有酒食先生馔,曾是以为孝乎？”

(《论语·为政》2·8)

【译解】

子夏问怎样才称得上孝。孔子回答:“侍奉父母始终保持和颜悦色,是件难事。遇到事情,由年轻人效劳,有了酒食,让年长者先吃,难道这样做就称得上是孝吗？”

10. 子路问:“闻斯行诸？”子曰:“有父兄在,如之何其闻斯行之？”冉有问:“闻斯行诸？”子曰:“闻斯行之。”公西华曰:“由也问闻斯行诸,子曰‘有父兄在’;求也问闻斯行诸,子曰‘闻斯行之’。赤也惑,敢问。”子曰:“求也退,故进之;由也兼人,故退之。” (《论语·先进》11·21)

【译解】

子路问:“知道了就去做吗？”孔子回答:“有父亲、兄长活着,怎么能知道就去做呢？”冉有问:“知道了就去做吗？”孔子回答:“知道了就去做。”公西华说:“子路问:‘知道了就去做吗？’,您说:‘有父亲、兄长活着。’冉有也问:‘知道就去做吗’,您说:‘知道了就去做。’我感到很疑惑,大胆来请教为什么同一个问题回答不同。”孔子回答:“冉有平时做事退缩,所以鼓励他知道了就去做;子路经常做事冒进,所以要抑制他的冲动。”

五、启发诱导

1. 子曰：“不愤不启，不悱不发，举一隅不以三隅反，则不复也。” （《论语·述而》7·8）

【译解】

孔子说：“不到发愤难解的时候不进行启发；不到欲言不能的时候不进行诱导。举出一个道理而不能类推出其他三个道理，就不再加以教诲。”

2. 子谓子贡曰，“女与回也孰愈？”对曰：“赐也何敢望回。回也闻一以知十，赐也闻一以知二。”子曰：“弗如也！吾与女，弗如也。” （《论语·公冶长》5·8）

【译解】

孔子对子贡说：“你和颜回，谁更强些？”子贡回答说：“我哪敢与颜回相比？颜回听到一件事，便能推知十件事，我听到一件事，只能推知两件事。”孔子说：“的确不如他呀！我和你都不如他。”

3. 子贡曰：“贫而无谄，富而无骄，何如？”子曰：“可也。未若贫而乐，富而好礼者也。”子贡曰：“《诗》云：‘如切如磋，如琢如磨。’其斯之谓与？”子曰：“赐也，始可与言《诗》已矣！告诸往而知来者。” （《论语·学而》1·15）

【译解】

子贡说：“贫穷而不献媚，富裕而不傲慢，怎么样？”孔子回答：“这也不错了。但不如贫穷而能乐道，富裕而能好礼。”子贡说：“《诗经》里说：‘如切如磋，如琢如磨。’是这样的意思吗？”孔子回答：“子贡呀，像这样理解就可以和你讨论《诗经》了。告诉你过去的，你便能用于将来。”

4. 颜渊喟然叹曰:“仰之弥高,钻之弥坚;瞻之在前,忽焉在后。夫子循循然善诱人,博我以文,约我以礼。欲罢不能,既竭吾才,如有所立卓尔。虽欲从之,末由也已。”

(《论语·子罕》9·10)

【译解】

颜渊深有感叹说:“夫子的学问,越仰望就越觉得高大,越钻研就越觉得坚实。一会儿看它在前面,一会儿又像在后面。夫子善于一步步地诱导,用文献知识来充实我,用礼乐文化来塑造我。使我想罢学都不可能,充分开拓我的才能,好像是高高的有所确立,但想要继续追随向前,又感到找不到门径了。”

六、文、行、忠、信

1. 子以四教:文,行,忠,信。

(《论语·述而》7·24)

【译解】

孔子以四项内容及功夫教人:学习《诗》《书》《礼》《乐》《易》《春秋》,修养德行,做事尽心,言行可信。

2. 曾子曰:“君子以文会友,以友辅仁。” (《论语·颜渊》12·24)

【译解】

曾子说:“君子通过探讨学问来聚会朋友,通过结识朋友来辅弼仁德。”

3. 子贡问曰:“有一言而可以终身行之者乎?”子曰:“其恕乎!己所不欲,勿施于人。”

(《论语·卫灵公》15·23)

【译解】

子贡问孔子："用一句话来概括为人处世的要旨，是什么呢？"孔子回答："大概是恕吧！自己不想做的事情，不要强加给别人。"

4. 子绝四：毋意，毋必，毋固，毋我。（《论语·子罕》9·4）

【译解】

孔子杜绝四种不良行为：随意猜疑，独断专行，固执己见，自以为是。

5. 子贡问友。子曰："忠告而善道之，不可则止，无自辱焉。"

（《论语·颜渊》12·23）

【译解】

子贡问如何交友。孔子回答："忠心地劝告他，善意地引导他，如果他不听从也就算了，不要自找侮辱。"

6. 定公问："君使臣，臣事君，如之何？"孔子对曰："君使臣以礼，臣事君以忠。"

（《论语·八佾》3·19）

【译解】

鲁定公问："君主任用臣下，臣下侍奉君主，应该怎么做才好？"孔子回答："君主按照礼制来任用臣子，臣子竭尽忠诚来侍奉君主。"

7. 子曰："人而无信，不知其可也。大车无輗，小车无軏，其何以行之哉？"

（《论语·为政》2·22）

【译解】

孔子说："一个人没有信用，那怎么可以立足于世呢？好比大车小车没有驾车的横木木销，怎么能够行驶呢？"

8. 子贡问政。子曰:“足食,足兵,民信之矣。”子贡曰:“必不得已而去,于斯三者何先?”曰:“去兵。”子贡曰:“必不得已而去,于斯二者何先?”曰:“去食。自古皆有死,民无信不立。” (《论语·颜渊》12·7)

【译解】

子贡问怎样治理国家。孔子回答:“粮食充足,军备充分,百姓就会信任政府了。”子贡说:“如果迫不得已,三者要去掉一项,先去掉哪一项呢?”孔子回答:“去掉军备。”子贡又问:“如果迫不得已,还要去掉一项,去掉哪一项呢?”孔子回答:“去掉粮食。自古以来,谁都免不了一死,如果失去百姓的信任,政府便无法存在。”

9. 子曰:“弟子入则孝,出则弟,谨而信,泛爱众而亲仁。行有余力,则以学文。” (《论语·学而》1·6)

【译解】

孔子说:“弟子在家里要孝顺父母,外出要尊敬兄长,谨慎而且守信,广泛地友爱大众,亲近有仁德的人。做到这些以后还有多余的精力,就去学习文献方面的知识学问。”

10. 子张问政。子曰:“居之无倦,行之以忠。” (《论语·颜渊》12·14)

【译解】

子张问为政之道。孔子回答:“在职位上不要懈怠,在行为上要尽心竭力。”

11. 子曰:“君子欲讷于言而敏于行。” (《论语·里仁》4·24)

【译解】

孔子说:“君子言语要缓慢谨慎,做事要勤劳敏捷。”

12. 曾子曰:“吾日三省吾身:为人谋而不忠乎?与朋友交而不信乎?传不习乎?”

(《论语·学而》1·4)

【译解】

曾子说:“我每天多次自我反省,替人谋事是否尽心竭力?与朋友交往是否诚心实意?老师传授的东西是否复习、实践?”

七、见义勇为

1. 见义不为,无勇也。 (《论语·为政》2·24)

【译解】

遇到正义的事情,不敢挺身而出,这是没有勇气的表现。

2. 子曰:“知者不惑,仁者不忧,勇者不惧。” (《论语·子罕》9·28)

【译解】

孔子说:“明智的人无所困惑,仁德的人无所忧愁,勇敢的人无所畏惧。”

3. 仁者必有勇,勇者不必有仁。 (《论语·宪问》14·5)

【译解】

有仁德的人一定勇敢,但勇敢的人不一定有仁德。

4. 子路曰:“君子尚勇乎?”子曰:“君子义以为上。君子有勇而无义为乱,小人有勇而无义为盗。” (《论语·阳货》17·23)

【译解】

子路说:“君子崇尚勇敢吗?”孔子回答:“君子认为道义是最为重要的。君子只讲勇敢而不讲道义就会作乱,小人只讲勇敢而不讲道义就会为盗。”

八、知书达礼

1. 子曰:“周监于二代,郁郁乎文哉! 吾从周。”

(《论语·八佾》3·14)

【译解】

孔子说:“周朝的礼乐文化借鉴于夏、商两代,多么丰富呀! 我欣赏周朝的礼乐文化。”

2. 子曰:“兴于《诗》,立于礼,成于乐。” (《论语·泰伯》8·8)

【译解】

孔子说:“诗教使人悦心,礼教使人立身,乐教使人完美。”

3. 子曰:“先进于礼乐,野人也;后进于礼乐,君子也。如用之,则吾从先进。”

(《论语·先进》11·1)

【译解】

孔子说:“先学习礼乐而后做官的,是民间的读书人家;先做官而后学习礼乐的,是达贵的官宦子弟。如果选用人才,我主张选用前者。”

4. 子曰:“能以礼让为国乎? 何有? 不能以礼让为国,如礼何?”

(《论语·里仁》4·13)

【译解】

孔子说:“能够用礼乐制度来治理国家吗? 这样治国有什么困难呢? 不用礼乐制

度来治理国家，那要礼乐制度干什么？”

5. 有子曰：“礼之用，和为贵。先王之道斯为美，小大由之。有所不行，知和而和，不以礼节之，亦不可行也。” （《论语·学而》1·12）

【译解】

有子说：“礼的作用，以做到恰如其分为可贵。圣王的治国之道以和合为上，小事大事都这样做。但也有行不通的时候，因为知道和合可贵而一味和合，不用礼去衡量它，所以也就行不通了。”

6. 子曰：“非礼勿视，非礼勿听，非礼勿言，非礼勿动。” （《论语·颜渊》12·1）

【译解】

孔子说：“不合乎礼的不看，不合乎礼的不听，不合乎礼的不说，不合乎礼的不做。”

7. 子曰：“恭而无礼则劳，慎而无礼则葸，勇而无礼则乱，直而无礼则绞。”

（《论语·泰伯》8·2）

【译解】

孔子说：“恭敬而不知礼就会辛劳，谨慎而不知礼就会退缩，勇敢而不知礼就会作乱，耿直而不知礼就会伤人。”

8. 子曰：“小子！何莫学夫《诗》？《诗》，可以兴，可以观，可以群，可以怨。迩之事父，远之事君。多识于鸟兽草木之名。” （《论语·阳货》17·9）

【译解】

孔子说：“同学们，你们为什么不学《诗经》呢？学《诗经》可以培养丰富的想象力，可以提高观察力，可以培养亲和力，可以增强讽谏力。近可以用来事奉父母，远可以用来事奉君王。而且还可以多认识一些动物、植物的名称。”

九、为仁由己

1. 有子曰:“其为人也孝弟，而好犯上者，鲜矣；不好犯上，而好作乱者，未之有也。君子务本，本立而道生。孝弟也者，其为仁之本与！”

（《论语·学而》1·2）

【译解】

有若说:“假如孝顺父母，敬爱兄长，而偏要冒犯上级，这是很少见的事情；不喜好冒犯上级，而偏要作乱的，就更不会有了。君子专心于事情的根本，根本树立了，人生道义也就有了。孝顺父母，敬爱兄长，就是仁道的根本所在。”

2. 子曰:“里仁为美。择不处仁，焉得知？”（《论语·里仁》4·1）

【译解】

孔子说:“居住在有仁德的地方才是美好的。选择住处，不住在有仁德的地方，那怎么能说是明智之举呢？”

3. 子曰:“唯仁者能好人，能恶人。”（《论语·里仁》4·3）

【译解】

孔子说:“只有仁德的人才能正确地喜欢人，也才能正确地讨厌人。”

4. 子曰:“苟志于仁矣，无恶也。”（《论语·里仁》4·4）

【译解】

孔子说："如果立志成就仁德，就不会做坏事。"

5. 君子去仁，恶乎成名？君子无终食之间违仁，造次必于是，颠沛必于是。

（《论语·里仁》4·5）

【译解】

君子舍弃仁德，怎能成就名声呢？君子没有一顿饭的时间背离仁德，即使在仓促之间也是如此，颠沛流离之际也是如此。

6. 求仁而得仁，又何怨。（《论语·述而》7·14）

【译解】

追求仁德而获得仁德，又有什么遗憾呢？

7. 子曰："仁远乎哉？我欲仁，斯仁至矣。"（《论语·述而》7·29）

【译解】

孔子说："仁德难道离我远吗？我想成就仁德，仁德就能养成。"

8. 曾子曰："士不可以不弘毅，任重而道远。仁以为己任，不亦重乎？死而后已，不亦远乎？"（《论语·泰伯》8·7）

【译解】

曾子说："士人不可以不意志刚强，因为他责任重大，征途遥远。以实现仁德为自己的责任，这个责任不是很沉重吗？奋斗至死才停止，这个过程不也是很遥远吗？"

9. 为仁由己，而由人乎哉？（《论语·颜渊》12·1）

【译解】

成就仁德完全要靠自己,难道要靠别人吗?

10. 子曰:“志士仁人,无求生以害仁,有杀身以成仁。”(《论语·卫灵公》15·8)

【译解】

孔子说:“志士仁人,不应当贪生怕死去损害仁德,而应当牺牲自己来成全仁德。”

11. 子曰:“当仁不让于师。” (《论语·卫灵公》15·35)

【译解】

孔子说:“假如追求仁德,对老师也不必谦让。”

十、君子风范

1. 子曰:“学而时习之,不亦说乎?有朋自远方来,不亦乐乎?人不知而不愠,不亦君子乎?”

(《论语·学而》1·1)

【译解】

孔子说:“学习知识和做人,适时地复习、实践,不也是很高兴吗?有同学远道而来,不也是很快乐吗?别人不举用你,却不烦恼怨恨,不也是君子该有的境界吗?”

2. 子曰:“君子不器。” (《论语·为政》2·12)

【译解】

孔子说:“君子不能像器物一样,只有某种特定的用途。”

3. 子曰："君子喻于义，小人喻于利。" （《论语·里仁》4·16）

【译解】

孔子说："君子追求正义，小人追求私利。"

4. 子曰："质胜文则野，文胜质则史。文质彬彬，然后君子。"

（《论语·雍也》6·16）

【译解】

孔子说："朴实胜过文采就粗野，文采胜过朴实就呆板。文采和朴实相辅相成，这才是君子应有的品质。"

5. 子曰："君子泰而不骄，小人骄而不泰。" （《论语·子路》13·26）

【译解】

孔子说："君子安详舒泰而不傲慢凌人，小人傲慢凌人而不安详舒泰。"

6. 子曰："君子求诸己，小人求诸人。" （《论语·卫灵公》15·20）

【译解】

孔子说："君子严于律己，小人责于他人。"

7. 子曰："君子不以言举人，不以人废言。" （《论语·卫灵公》15·22）

【译解】

孔子说："君子不因言论而荐用其人，不因人品而摒弃其言。"

8. 子曰："君子贞而不谅。" （《论语·卫灵公》15·36）

【译解】

孔子说："君子坚守正义而不拘泥小信。"

9. 子曰:“君子周而不比,小人比而不周。” (《论语·为政》2·14)

【译解】

孔子说:“君子是团结而不勾结,小人是勾结而不团结。”

10. 子曰:“君子和而不同,小人同而不和。” (《论语·子路》13·23)

【译解】

孔子说:“君子追求和谐而不苟同,小人苟同而不讲究和谐。”

11. 子曰:“君子坦荡荡,小人长戚戚。” (《论语·述而》7·36)

【译解】

孔子说:“君子始终襟怀宽广,小人总是心存忧虑。”

附录三：

《论语》全文中英文朗诵音频

篇名	文字	朗诵音频(中文)	朗诵音频(英文)
学而第一			
为政第二			
八佾第三			
里仁第四			
公冶长第五			
雍也第六			
述而第七			

续表

篇名	文字	朗诵音频（中文）	朗诵音频（英文）
泰伯第八			
子罕第九			
乡党第十			
先进第十一			
颜渊第十二			
子路第十三			
宪问第十四			

续表

篇名	文字	朗诵音频(中文)	朗诵音频(英文)
卫灵公第十五			
季氏第十六			
阳货第十七			
微子第十八			
子张第十九			
尧曰第二十			

参考文献

[1] 朱熹 . 四书章句集注・论语集注 [M]. 北京：中华书局，2011.

[2] 邢昺 . 论语注疏 [M]. 北京：北京大学出版社，1999.

[3] 刘宝楠 . 论语正义 [M]. 北京：中华书局，1990.

[4] 程树德 . 论语集释 [M]. 北京：中华书局，1990.

[5] 钱穆 . 论语新解 [M]. 北京：生活・读书・新知三联书店，2012.

[6] 钱穆 . 劝读论语和论语读法 [M]. 北京：商务印书馆，2014.

[7] 杨伯峻 . 论语译注 [M]. 北京：中华书局，2009.

[8] 李泽厚 . 论语今读 [M]. 北京：生活・读书・新知三联书店，2008.

[9] 王向荣 . 论语二十讲 [M]. 上海：上海科学技术文献出版社，2007.

[10] 司马迁 . 史记 [M]. 北京：中华书局，2011.

[11] 钱穆 . 孔子传 [M]. 北京：生活・读书・新知三联书店，2002.

[12] 匡亚明 . 孔子评传 [M]. 南京：南京大学出版社，1990.

[13] 蒙培元 . 蒙培元讲孔子 [M] . 北京：北京大学出版社，2005.

[14] 冯友兰 . 中国哲学史新编 [M] . 第一册 . 北京：人民出版社，1982.

[15] 徐复观 . 中国人性论史 · 先秦篇 [M] . 上海：三联书店，2001.

[16] 林语堂 . 孔子的智慧 [M] . 北京：当代世界出版社，2009.

[17] 傅佩荣 . 论语心得 [M] . 北京：国际文化出版公司，2007.

[18] 舒大刚 . 孔子的智慧 [M] . 北京：中央编译出版社，2008.

[19] 徐梵澄：孔学古微 [M]. 李文彬，译 . 上海：华东师范大学出版社，2015.

[20] [美] 赫伯特 · 芬格莱特：孔子：即凡而圣 [M]. 彭国翔，张华，译 . 南京：江苏人民出版社，2002.

[21] 傅佩荣 . 孔子辞典 [Z] . 北京：东方出版社，2013.

[22] 夏乃儒 . 孔子辞典 [Z] . 上海：上海辞书出版社，2008.